KINZAI バリュー叢書

コロナ後を生き抜く

# 通説に惑わされない投資と思考法

馬渕　治好［著］

一般社団法人金融財政事情研究会

# はじめに
## ──新型コロナウイルスの流行と、それが世界に与えた影響が、気づかせてくれた多くのこと

新型コロナウイルス（COVID-19、本著では以降、「新型コロナウイルス」とする）の流行（本著では「コロナ禍」とも表記）は、世界で近年における最大の関心事になったといっても過言ではなかろう。当初は、新型コロナウイルスの流行について、楽観視する向きもあったようだが、結局多くの諸国で、“Stay Home”といった行動の自粛が呼びかけられる、あるいは国によっては外出が厳しく制限される、という事態となり、食品以外の小売、外食、旅行関連（空運を中心とした運輸、宿泊、行楽施設など）、スポーツや音楽のイベントといった特定の業種を中心に、2020年前半の世界経済に多大な打撃を与える結果となった。

世界の株価は、2020年３月後半にかけて、コロナ禍による景気悪化を懸念し、大幅な下落をみせた。そうした株価の動揺は、社債や為替、金など、他の証券、金融、国際商品市場にも多大な影響を及ぼした。しかし、大幅な市場の波乱は３月で峠を越し、その後は投資家による、リスクをとって投資を拡大しようとの行動が、優勢になってきている。

筆者は、投資情報の収集と分析、発信を行う職務にあり、以前から医療情報と投資情報に多くの共通点があると考えてきた。今回の新型コロナウイルスの流行に伴う、証券・金融市場

の動きのみならず、さまざまな社会の反応をも目の当たりにすることで、共通点が多いとの認識を一段と強めることになった。そうした共通点とは何かを認識することは、投資家がさまざまな投資情報を受け取り咀嚼していくなかで、おおいに参考になると確信している。

本著は、そうした投資情報の取扱いといった点を縦糸にしている。加えて、最近の証券・金融市場の動揺とコロナ禍の関係性がどのようなものであったかという、やや短期的な視点と、新型コロナウイルスの流行が今後の経済や家計・企業の行動などに構造的な変化をもたらすかどうかといった、長期的な視点の、２つを横糸とした。こうした縦横の糸を織り上げて、筆者の思うところを述べていきたい。

こうした構想から、本著はその２つの糸の上を行き来しながら、全４章を進んでいく構成となっている。

第１章では、そもそもコロナ禍の前から、筆者が医療情報と投資情報に共通点が多いと考えていた背景について述べる。続いて、コロナ禍におけるさまざまな社会的な現象を観察すると、そうした両情報に共通点が多いとの意を強くしたが、そう感じた具体的な諸点を取り上げたい。特に、万能な解決策を求めようとの心理は、医療においても投資においてもきわめて危うい。

第２章は、2020年前半を中心とした市場動向と、コロナ禍の関係性について解説する。2020年２月辺りまで、日米等主要国の株価が上昇基調をたどっていたことから、多くの専門家や市場参加者は、「新型コロナウイルスの流行がなければ、3月以降も主要国の株価は上昇基調を続けていたに違いないのに、コロナ禍のせいで株価は暴落することになってしまった」と考えてきたようだ。もしそれが正しければ、4月以降もコロナ禍による景気や企業収益への打撃が強く残っているため、株価は下がり続けたはずだ。ところが実際には株価は4月以降上昇に転じ、多くの識者は戸惑っていたようにみえる。筆者は、そうした「何もかもコロナ禍のせいだ」という、株価下落の原因をコロナ禍ばかりに求める考え方がまったく誤っていると考える。むしろ、3月に主要国の株価が大きく下落した理由は、別のところにあった。そうした分析の結論を、市場の動揺を引き起こしたのは「ブラックスワンではなく、2匹の灰色のサイによる」と、まとめられるが、それを詳述したい。

第3章では、市場分析などにおいて、しばしば大多数の専門家や投資家がそろって唱える怪しい諸説を、類型化し、解説する。第2章を受けて、コロナ禍前後に広く流布された誤った説を例示するが、それだけではなく、過去から頻繁に登場してきた誤解も含めて、共通した「落とし穴」を指摘していきたい。落とし穴を避ける最善の方法は、実は一歩ずつ自身で確認するという地道な努力だ。

第4章では、コロナ禍が、企業や産業、経済や社会の振る舞いについて、今後長期的、構造的にもたらす「かもしれない」変化について、述べることとする。いわゆる「コロナ後」は、すべてが元に戻るのではなく、コロナ禍がもたらした「気づき」が、多くの人々や企業などの行動を変えてしまった可能性がある。ただ、そうした構造的な変化が起こった、と想定するのは、実は楽観的な考えであって、特に日本においては、ほとんど何も変わらず元に戻ってしまう、という展開も否定できない。それは日本にとって悲観的な未来を意味すると考えるのだが、コロナ禍前から日本の企業文化や社会が抱える問題点と並行して、悲観シナリオが何を意味するのかも指摘したい。なお、そうした長期的で構造的な骨太の変化を、網羅的に根拠をもって精緻に提示する能力は、筆者にはない。そのため、筆者が思いつくことを覚書として書き散らすにとどまるが、それでも読者の方が自身で考察する際の踏み台として、ご参考になれば幸いだ。

以上のように、コロナ禍が浮かび上がらせた諸点を軸に展開しつつも、以前から存在していたさまざまな論点をも組み合わせて、縦横に議論を繰り広げていきたい。あちらからこちらへと、議論の舞台が大きく移動することになると考えるが、最後までお付き合いいただければ幸いである。

2020年の梅雨空のなかで

# 目　次

## 第１章　「コロナ禍」でいっそう明確になった、医療情報と投資情報の類似性

## 第３章　「コロナ禍」でも登場した、「いつもの」怪しい説

第1章

# 「コロナ禍」でいっそう明確になった、医療情報と投資情報の類似性

怪しい情報にとらわれることを避けるには、過剰な期待を捨て、地に足をつけるべき

# 1 以前から、医療情報と投資情報には、類似点が多かった

## 古いタイプの医師と患者の関係は？

人生において、健康と金融資産は重要だ。とはいっても、それぞれの人によって、求める水準は異なる。オリンピックで金メダルを目指すアスリートのような体づくりは、普通の人にとって必要ではないだろうし、老後を金銭面で不安なく普通に暮らすことが目的であれば、資産運用などで巨額の富を構築する必要もないだろう。

こうした人生で重要な、健康について、個人に情報を提供してくれる職業は、栄養士、薬剤師、介護福祉士、ジムのトレーナーなど多くあるが、やはり中核となるのは、医師だといえるだろう。

大昔、たとえば筆者が子どもの頃を思い起こすと、医師と患者の関係は、すべての場合がそうではなかったろうが、医師がすべての情報を握り、それに基づく医師の判断に患者が一方的に依存するかたちが多かったように思う。体調が悪くなって医院を訪れると、聴診や場合によっては簡単な検査が行われるが、それが何を調べようとしているのか説明はなかった。病名は「ただの風邪ですね」程度は伝えられるものの、どうしてその病気になったのかの推察は伝えられず、注射を打たれたり薬

を処方されたりしても、それらがどういう効能があるのかはわからない、ということが多かったように感じる（筆者の個人的な印象かもしれないが）。患者もそれでよし、とし、病気が短日で治ればよい、とだけ考えて、「黙って座ればぴたりと治る」という医師を「名医」だと評価していた。

すると、なぜその病気になったか主要な原因がわからないので、また同じ病気にかかり、同じ医師にかかって、処方される薬を黙って全部飲んで、ということを繰り返すだけになる。完全にその医師に従属するかたちだ。

## 新しい医師と患者の関係は？

それに対して、いまでは医師と患者のかかわり方は、かなり変わった。病院を訪れると、たとえば検査については、その検査で何がわかるのか、という説明がなされることが多くなった。レントゲン撮影を行うと、医師とその映像をみながら、ここに影があってそれはこういう病巣だと推察される、などの解説が行われる。

診断の結果、病名の推測がつくと、その病気になぜかかったのか、たとえば生活が不規則で疲れから発病したのではないかとか、なんらかの生活習慣病の可能性が高い、などを説明されることも多い。注射や薬剤も、その効能や今回処方される背景要因、また副作用や服用上の注意点なども、医師あるいは薬剤師から、多くは口頭だけではなく書面で説明が受けられる。

すると、日頃の生活習慣を見直すことなどにより、同じ病気にかかることを避けよう、といった行動がとりやすくなる。また薬を服用する際に、抗生物質など病原菌を抑える薬や、症状を抑える薬については、指示どおりしっかり服用するが、たとえばその医薬品を服用することで胃が荒れるおそれがあるという理由から胃薬も処方されている場合に、胃薬を服用することを忘れていたとしても、胃の調子に問題がなければ特に飲み忘れたことを心配せずにすむ。

このように、病気やその治療について、医師に任せきりにするのではなく、自身で理解することで、自分の身を自分で守ることが可能になる範囲が広がることになる。

また現在の医療のかたちは、主役はあくまでも患者であり、医師はその手助けをする、という思想が根本にあると解釈している。たとえばセカンドオピニオンを他の医師から得ることも、多くの医師によって（奨励されていないとしても）容認はされていると思う。この場合、複数の医師から診断や治療についての助言を得ることになるが、その異なる医師からの助言が相矛盾する場合、どの助言を受け入れるかは、患者の判断となる。

こうした医療行為の改善は、インフォームドコンセント（十分な情報が共有されていることを前提に、医師と患者が合意して治療行為を進めること、なお、合意のうえで治療行為を行わないことも含む）の概念に基づいている。このインフォームドコンセントの概念が日本で本格的に紹介されたのは、1990年１月の日本医師会第II次生命倫理懇談会における、「「説明と同意」についての報告」[1]だとされており、その後多くの議論を経て、医療法が1997年12月17日に改正・公布された。医療法「第一章総則」の第一条の四第２項では、「医師、歯科医師、薬剤師、看護師その他の医療の担い手は、医療を提供するに当たり、適切な説明を行い、医療を受ける者の理解を得るよう努めなければならない」とされている。

## では、投資情報における、専門家と投資家の関係は？

以上は、医療情報について、あるいは医師と患者の関係についての、まったく医療の門外漢である筆者の個人的な印象だ。実際に医療にかかわっておられる方からすると、ツッコミどころが多いことと思うが、大枠ではそれほど誤った見解でもないと考えている。

述べたように、長期的には、医療情報の提供は、医師と患者の間で、大きく改善をみせたと解釈している。では投資情報はどうだろうか。依然として、「黙って座ればぴたりと当たる」という「名医」が多いと考えられているのではないだろうか。

なぜその投資商品がよいのか、なぜその銘柄を買うのがよいのか、一応背景となる理由は述べられるものの、いまだに「こ

1　「説明と同意」は、インフォームドコンセントの仮訳。ただし日本医師会は、海外におけるインフォームドコンセントの概念そのままを適用するのではなく、日本に適した概念として実践すべきだとも指摘している。

れは買い」「これは売り」「特選５銘柄」「いま注目されているテーマ」などの結論ばかりが並べられ、相場が当たりまくる専門家のいうとおりに「黙って売買すればぴたりと大儲け」と考えられている風潮が強いように懸念される。

こうした専門家に隷属すれば、勧められた投資商品に資金を投じて、儲かっても損失を被っても、なぜそういう結果になったのか、投資家はまったくわからない。うまくいってもそれが続くかどうか判断できないし、損をしてもたまたまなのかどうか、もうその専門家を見切ったほうがよいのか、判別する根拠がない。すると、その専門家を見限って離れ、別の専門家に頼ることにしても、新しく頼る専門家が「古いタイプの名医」であれば、同じことを繰り返すだけだ。

いや、そんなことはない、これまで相場見通しが当たり続けた専門家に黙って従えば、次回も当たる見通しが手に入るだろう、と考えている人が多いかもしれない。ただ、「まぐれ当たり」「まぐれ外れ」ということも、市場予測ではよくあることだ。いくつかの重要な局面で市場見通しが連続して的中している、ということは、次回も的中するかどうかを、まったく保証しない。

本来のあるべきかたちとしては、専門家が結論として市場見通しを提供するとしても、その背景要因となる材料やデータを根拠をもってあげ、なぜそれで市況が上下に動くと考えられるかの筋道を、わかりやすく投資家に述べるべきだろう。それによって、その専門家の分析を、投資家が採用するかどうかを判断できるし、専門家の市況見通しと異なる市場の動きになった際に、それがなぜかを投資家自身が考えることができる。それによって、信頼できる専門家（「当たる専門家」ではない）を見抜くことが可能になるだろう。

なお、専門家が「信頼できる」ことと、その専門家の「市場見通しが当たり続ける」ことは、まったく一致しないことに留意すべきだ。どんなに素晴らしい医師でも治せない病気があるのと同様に、信頼に足る投資情報の専門家が誠意をもって、職務に忠実に分析を尽くしても、市況の先行きを見通すことができないことは、多々あるものだ。

加えて、医療情報で患者がセカンドオピニオンを得て、複数の診断や治療方針のうちどれを採用するかを患者が決めるのと同様、投資情報も複数の専門家の意見を並列して収集し、投資家が自身の判断でどれを採用するか、あるいはいずれも採用しないかを決めるべきだろう。しかし残念ながら、実際には、専門家Ａの意見と、専門家Ｂの見解を聞いて、どちらも自分自身で咀嚼して理解することができず、「ＡさんとＢさんの見通しが違っていて、どちらを信じたらいいかわからない、だれかに決めてほしい」といった投資家が、多いのであるが。そうした生き方は、自分自身で進むべき自分の人生を、放棄していることに等しい。

## ダイエット本はなぜ売れるのか

医療情報と投資情報の共通点、ということで、加えて述べたいのは、医療・健康情報における、ダイエット本や各種の健康本のことだ。ダイエット本は、もちろん、こうすれば体重が減りますよ、という書籍を指す。内容は、食事の改善や運動など、さまざまだ。また、「○○という生活をしていれば、病気知らず」「△△を食べると、風邪を引きにくい」といったような健康本も多い。

こうしたダイエット本や健康本は、しばしばベストセラーになるし、書店に行けば、棚にずらりと並んでいる。つまりおおいに売れているわけだが、なぜそうした書籍が売れるかについて、「効果がないからだ」と主張する人がいると聞く。そういう主張がなぜなされるかというと、まずあるダイエット本を買って、そのとおりにすれば痩せるだろうと考えていたところ効果がなく、では別のダイエット本ならと期待して買うと、それでも体重が減らず、と、次から次へと書籍を買うことになるからだ、との見立てによるそうだ。

それを投資情報に当てはめると、同様のことは起こっていないだろうか。この投資関連本を買って、そのとおりに投資すれば儲かるだろう、と考えて書籍を購入したがうまくいかず、では次の本、それもだめなら次の本、と、一人が多くの投資関連本を買っている、ということがありそうだ。この本をここまで書店で立ち読みした方が、そおっと書棚に戻して買わずに立ち去る、という結果になると悲しいが（笑）、もし投資情報が役に立たないからこそ、投資家が次々と書籍や有料の投資情報を渡り歩き、その結果として投資の専門家が潤っているとすると、それは不幸であり悲しいことだ。

それほどダイエット本や健康本、投資関連の書籍は、ひどいものばかりかといえば、おそらくそうとは限るまい。では、なぜ書籍から書籍へと渡り歩く人がいるかといえば、人によって、適切なアドバイスが異なる、という面が大きいのではないか。たとえばダイエット本でいえば、個々人の体質は異なるため、ある種の食品を多く摂取することが、体重減に効く人と効かない人がいるのだろう。もしくは、体重を減らすには、基本的には食事量を減らすか運動量を増やすかになるわけだが、食事を減らすことはあまり辛くないが、運動することの負担感が大きい人が、運動量を増やすことを中心としたダイエット本を読んでも、それを実行することが長続きしない可能性は高い。

投資本あるいは投資の専門家のアドバイスについても、もともと目先の市況の上下動に惑わされにくく、比較的長期にのんびり投資できる性格の人もいれば、ちょっとした相場の振れで動揺しやすい人もいる。短期的に運用益を得たいのか、数十年先の老後に十分な金融資産の蓄積があればいい、という目的なのか、個々人の投資の目的も異なる。万人に当てはまる「魔法の本」はない、という点で、医療情報と投資情報が共通している、と考えるべきだ。

## 悪いのはどっち？

以上、以前から筆者が考えていた、医療情報と投資情報の類似点についてざっと述べた。以上から読者の方は、大昔の医師や、いまでも投資の専門家（アナリストやいわゆる「株式評論家」などの個人に限らず、広く証券・金融関連企業を含む）など、情報を提供する側ばかりに問題があるのではないか、と思われたかもしれない。

しかし筆者は、情報を受け取る側の問題も大きいと考えている。医療情報においては、情報を提供する医療関係者の側の改善はかなり進んだように思うが、患者の姿勢が不適切である場合があるように思う。

たとえば、特効薬はなく、対症療法で症状を抑えつつも、根本的には休養して時間をかけて自己治癒力で快癒することを待たざるをえない病気も多い。そうした病気でも、「仕事が忙しいから、さっさと治してくれ」と、あまり効果がないような注射や投薬を要求する患者も多いと聞く。あるいは、抗生物質が速効性があると信じ込んだ患者が、ウイルスには抗生物質が効かないと医師がいっても聞き入れず、抗生物質の処方を求めることもあるようだ。

もしくは、セカンドオピニオンを得るのはよいが、患者の側が自分はこういう病気だと思い込み、その病気だと診断する医師に出会うまで、次々と病院を渡り歩く猛者もいると聞いた。最初から誤った結論に患者が執着しているため、徒労なのだが。

投資情報においても、「背景要因などどうでもいいから、株価が上がる銘柄の名前だけをさっさと５つあげろ」「市況がどう変動しても、景気がよくても悪くても、これさえ買えば大儲けだ、という金融商品を教えろ」などと、無理な要求をする投資家が結構いるようだ。

また、「見通しが百発百中の専門家がいる」「そのとおりに売買すれば必ず儲かる投資手法がある」といった、最初から誤った結論に投資家が執着し、この専門家がだめなら次の専門家、この手法で儲からなかったら次の手法と、次々と渡り歩くといった徒労を、何年も続ける投資家も多いと感じる。

医療情報も、投資情報も、いかに提供する側が誠意をもって職務を務めていても、受け取る側が誤っていては、情報の価値が失われてしまうだろう。

# 2 コロナ禍で一段と際立った、医療情報と投資情報の共通点

## 新型コロナウイルスの感染予防の、「万能ツール」を求める心理が広がった

述べてきたように、筆者は以前から医療情報と投資情報の共通点は多い、と考えてきた。さらに今回のコロナ禍で、その思いをいっそう強くした。今回のコロナ禍における事象から、いくつか例をあげて述べよう。

今回の新型コロナウイルスの流行は、そのウイルスの性質や感染力、致死率などが当初はよくわかっていなかったため、多くの人に不安を広げた。そうした不安は、「○○さえしていれば安心」という万能な策の情報を求め、何かきわめて有力なツールによって不安を解消したい、という心理を広げる結果となった。

たとえばPCR（polymerase chain reaction）検査の数を、大きく増やすことが有益かどうか、という議論が、激しく行われた。筆者は医師でも疫学者でもないので、この書籍でその議論に立ち入ることはしない。

ただ、検査数をおおいに増やすべきだ、との主張を行う向きは、PCR検査の正確性を、過度に見積もっていたのではなかったか。仮にPCR検査が、感染の有無を100％に近く判定できる

のであれば、国民全員に直ちにPCR検査を一斉に行い、陽性者は全員隔離して他者との接触をほぼゼロに抑え込み、一方陰性者は変わらず経済活動を営めば、新型コロナウイルスの感染は広がらないし、経済活動への悪影響も限定的となる、といったものに近い内容の言説を、よく耳にしたように思う。

一方、PCR検査が完璧ではなく、かなりの誤差が生じるものだと考えて、検査数を大幅に増やすことに反対していた論者も多かった。そうした人々が配慮していたのは、保健所や検査担当者の検査体制を短期間に苦労して増強しても、PCR検査単独では誤差が大きく、コストとメリットを秤にかけると意味が薄いとか、多数の擬陽性者も含めて受入れ可能な、感染症対応の医療機関の病床が少ない、という点もあっただろう。

しかしそれ以上に、PCR検査数を大幅に増やすことに疑義をもつ人たちの間に、PCR検査が完璧なものだと誤解している多くの人々が、自分が陰性であるとの安心を得るためだけに、発熱などさしたる症状もないのに検査に一斉に押し寄せ、それが医療体制の崩壊を招く、ということを心配していた場合も多かったと感じる。つまり、反対していた人自身はPCR検査の有効性の限界を理解していたが、PCR検査が万能だと誤解しそうな多数の人の存在を、懸念していたわけだ。実際に他国で、政府が検査費用を補助するなどのかたちでPCR検査を多くの人に可能にしたところ、検査を求める人が押し寄せて「密」となり、かえって感染を広げたのではないか、との報道を目にした。

また、マスクについても、一時は有効かそうでないか、との議論が盛んになされていたと記憶する。いまは、自身が新型コロナウイルスに感染している場合、咳やくしゃみで飛沫が飛ぶことで、他者にうつすといった可能性を低減させるには、マスクは有効だとされている。その一方で、自身が新型コロナウイルスに感染することを防ぐのにマスクが完璧かといえば、その効果はゼロではないがあまり高くない、ともいわれている。つまり、新型コロナウイルスの流行を抑えるために、マスクを着用することはかなり有効ではあるが、完璧ではまったくない、ということなのだろう。

ところが、感染に対する不安心から、またウイルスがみえず、新型コロナウイルスに感染しているかどうかも目でみてわからないことに比べると、マスクをしているかどうかは一見してわかるため、マスクをしていない人をみかけると攻撃的な態度をとる、という人もいたようだ。こうした攻撃的な姿勢は、感染に対する不安の裏返しといえるし、他者も含めてマスクをしていれば感染しないが、マスクをしていないと危険、といった、マスクの効果を過大視する心理の表れの部分もあっただろう。

日本における、新型コロナウイルスの感染者数や死亡者数の対人口比が低いことについて、いろいろな説が唱えられた。日本の医療水準が高い、国民皆保険で多くの人が費用をあまり気にせずに医療機関を受診することができた、もともと手洗いの習慣があり、土足で家に上がらず、ハグやキスも欧米諸国ほどしない、等々が仮説としてあげられた。

そうした諸説に加えて、BCG（Bacille de Calmette et Guérin、培養された結核菌の一種）ワクチンの接種により、結核菌に対する免疫をもっている人が日本で多いことが、日本の感染率や死亡率の低さの要因である、との主張も報じられるようになった。その説が正しいかどうかは、まだ確定されていないと思うが、2020年４月には、新型コロナウイルスの感染を予防したいとBCG接種を求めた成人が医療機関を訪れ、その医療機関はもともとBCGワクチンを取り扱っていない病院であったため、誤って不適切な注射を行い、健康被害が生じたと、厚生労働省が明らかにした。この健康被害は、直接には注射の不適切なやり方（BCG溶液を全量皮下注射した）によるものだが、ワクチンの製造元は、このような新型コロナウイルスの感染予防といった、目的外のワクチン使用を見合わせるよう呼び掛けている。患者が、BCGが万能だと錯覚し、目的外の接種を求めたことが、この事故の誘因であったといえるのではないだろうか。

結局、新型コロナウイルスの感染を防ぐには、日々、地道にソーシャルディスタンスを守り、手洗いを頻繁に行い、外出時にマスクを着用することが、最も有効なのだと考える。こうした地道な努力は、感染の確率を有意に低下させると推察されるが、それでも完璧ではない。これさえあれば大丈夫、という「万能ツール」は、新型コロナウイルスの感染予防には存在しない、と考えるべきだろう。

## 投資においても、おいしい「万能ツール」は存在しない

投資においても、投資対象の金融商品の価格変動で不安にとらわれる人が多いためか、万能なツールを求める心理が強いようだ。もちろん、投資の先行きに「絶対」はない、という点は、情報を提供する側も受け取る側も理解しているため、「絶対」という言葉はまともな人々の間では使われないが、「この局面での有望銘柄はこれだ」「このパソコンを利用した売買タイミングを計るシステムは、勝率が高い」「米国経済の先行きをみるうえで、この経済指標さえ追いかけておけば大丈夫」といったような類いの文言は、頻繁に目にする。こうした言葉は、自身の投資に不安を覚え、とにかく安心したい、安心できるような万能なツールがあるに違いない、と誤解している人々に響くのだろう。

そのように、万能なツールを求める人々がどのような「末路」をたどるかといえば、最も「怪我が少ない」場合でも、前述のダイエット本と同様に、この手法や専門家はだめだった、次はこれ、それもだめだからその次はあれ、といった、果てしない旅に貴重な時間と費用を投じるばかりになってしまうだろう。最悪のケースでは、「元本保証で高利回り」といった、万能ツールを装った投資詐欺にだまされて、多くの金融資産を失うことになりかねない。

また、投資の世界でこうした「万能ツール幻想」がなかなか

払拭されない要因として、「投資の世界においては、怪しいがおいしい思いができる、「ここだけの話」があるに違いない」という妄想が根強いこともあるだろう。

たとえばIPO（Initial Public Offering、新規公開株）については、企業の新株売出しを引き受けている証券会社は、どのIPOの銘柄が上がるかはわかっており、ビジネス上重要な顧客を優先して、こっそり有望なIPOを買わせている、との幻想が根強いようだ。その裏返しで、IPOに応募して株式を入手し、その株価が値下がりすると、「証券会社は自分のことを大事な客だと思っていないから、わざと損をするとわかっているものを買わせた」などと八つ当たりする向きもいると聞く。証券会社には、ある特定の株が必ず損をするとわかる能力はない。

先日、生命保険の運用について、耳を疑う誤解を聞いた。それは、生命保険会社の運用に、一般勘定と特別勘定という内訳がある。一般勘定は、死亡保険金や満期保険金があらかじめ定められている、通常の生命保険契約者の資金を、運用する経理区分を指す。それに対して特別勘定は、運用の巧拙で保険契約者が将来受け取る金額が変動する保険（変額年金など）の資産を、運用する区分だ。その耳を疑った話というのは、個人投資家で、「特別勘定というのは、特定の大手で大事な顧客に対して、生命保険会社が内緒の「特別の運用」で儲けさせるものではないのか、自分の保険金も、一般勘定ではなく特別勘定で運用して儲けさせてほしい」と語っていた人がいたことだ。これも、生命保険会社など大手の機関投資家は、個人投資家のあずかり知らぬ、何か秘密の怪しいおいしい話をもっているだろう、という幻想によるものだろう。

## 長期分散投資は、有用だが万能ではない

投資においても、万能なツールはないが、新型コロナウイルスの感染予防における手洗いやマスクと同様、有用な策はある。たとえば、長期分散投資が、リスクをある程度抑えてそれなりの投資収益をあげるうえで、検討すべき手法だといわれる。

長期投資が有用なのは、人間が短期的な売買でどたばたと失敗するよりは「かなりまし」だ、という点にある。市況が上下に大きく振れるのはよくあることだが、どういうわけか人間は、株価などが上がると「早く買わないともっと上がってしまう」と焦って買いにいき、株価などが下がると「早く売らないともっと下がってしまう」と慌てて売りにいくようだ。そうした短期的な売買で、損失の上に損失を重ねていくより、長期的にじっと資産を保有したまま待っているほうがましだ、ということなのだろう[2]。

また、分散投資も、何か１つの金融資産だけに賭けて大失敗するより、いろいろな資産に資金を投じておけば、儲かるもの

2　2020年７月29日付日本経済新聞「投信に心理のワナ　新たな指標「保有者損益」で読む」では、投資信託の基準価格の上下の変動による損益より、保有者が平均してその投信から得ている損益のほうが、成績が悪い、という点が指摘されていた。おそらく、当該投資信託が値上がりした時に買い、値下がりした時に売る、という投資行動をとっているためだと推察されている。https://www.nikkei.com/article/DGXMZO61867000S0A720C2K15300/

も損するものもあって、損益が相殺される。この点から、大外れの資産に大金を投じるのに比べればはるかにましだ、とはいえる。

余談だが、このようにつらつら述べていると、いちばん上がる金融資産（株式でも債券でも外貨でも国際商品でも）をずばり当ててそれに手持ちの資金をすべてつぎ込み、短期的な市況変動があれば、大底で買って大天井で売る、を繰り返すと大儲けだ、長期分散投資などばかばかしい、と考える人も多いようだ。もし自身でそのように相場の動向がすべてお見通しだと信じるのであれば、信じるままに思い切って投資し、大損を被ればよいのではないだろうか。そうするかどうかは、まったく投資家の自由だ。だれにも気兼ねはいらない。

いや、投資家自身が市況見通しを考えるのではなく、すべての市況見通しをすべて的中させるのはお前たち専門家の役目であって、その見通しどおりに投資家が何も考えずに売買して、大儲けできるようにしろ、との声もあるだろう。しかし、たとえば筆者にそのように市況見通しを当て続ける能力はない。市況の見通しの結論の数値が当たるかどうかだけにしか専門家が存在する意義はなく、すべての見通しを当てられる万能ツールとなる専門家がどこかにいる、と考えるのなら、そうした専門家を世界の果てまで探し続ければよいだろう。その結果どうなろうと、筆者の知ったことではない。

専門家の存在意義は、市場見通しの仮説をたて、その仮説を支える論拠や論旨を明確に提示することだ。そしてそれが踏み台となって「投資家自身が」自分で市況展望を策定するうえで、役に立つことだと考える。

話を戻すと、述べたように、長期分散投資は、個人が勘や度胸で売買するよりは、はるかにまし、すなわち有用な手法だと考える。それでも、決して万能ではない。たとえば個別銘柄に投資する場合、その企業が長年衰退していき、最後に破綻して株式の価値がなくなる、ということも起こる。そうして長期的に株価が下落し続けるのであれば、長期に保有しても資産価値が目減りするばかりだ。

あるいはさまざまな資産に分散していても、特に短期的には、ほぼすべての資産価格が同時に下落する、ということも生じる。近年は経済も金融もグローバル化が進んでいる。ある大きな国の景気悪化が、他国との貿易などを通じて世界的に経済を悪化させる、ということは起こる。あるいは、ある国の株価が大きく下落すると、その国の投資家がリスクをとることをおそれ、保有している他国の株価も売却するなどで、世界の株価に共振作用が生じる。

このように、長期分散投資は万能ではない。万能でないがましな手法だ、と理解していればよいのだが、万能だと誤解した投資家は、「なんだ、長期分散投資しても、損をすることがあるではないか、もう長期分散投資はやめた」と決意し、より危うい手法へと進んでしまうことになってしまいかねない。

なお、完璧を求めすぎる投資家は、分散投資を行いながらも、投資先の各資産がことごとく儲かることを目指してしまう心情があるようだ。そうした「全勝志向」については、2017年に、岡本和久氏、大江英樹氏、竹川美奈子氏と、共著で『投資の鉄人』（日本経済新聞出版）を書かせていただいたが、そのなかの四者の対談の部分で、岡本氏が金言を放っている。

「分散投資がちゃんとできているかどうかの目安は、定期的にモニタリングしたときに、自分が持っている資産の中で下がっているものがあるということ。全部上がっているときは注意が必要です。下がっているものがあったら、自分のポートフォリオはちゃんと分散されているなと安心していいのです」（同書176ページ）。

まあ、価格が下がる時もあり、下がる資産もあるさ、と、ゆったりとした心構えで投資すべきなのだろう。

## つみたてNISAに飛び込んで、すぐにやめてしまう人たち

つみたてNISAも、有用な制度だ。まず、積立投資を行うということ自体が、買いのタイミングを分散させることになる。もちろん、投資家が市況の最も安いところを正確に予想できるのであれば、積立をせずそこで一気に買えばよいのであろうが、それが最初からできるなら何の苦労もないだろう。その点で、投資家が誤ったタイミングで一気に投資することに比べれば、積立のほうが「まし」だといえる。

加えて、たとえば株式や債券の個別銘柄に投資する、ということになれば、少なくとも売買最低単位の資金を用意しなけれ

ばならない。まだ年齢が若く、手元の金融資産も金額が十分にない場合、働いて得る月々の収入から、少額の無理ない範囲で投資信託の購入を積み上げていく、というのは、資産形成面で有用だ。また、いつ買うかといったタイミングに心を奪われることなく、ぼーっとしている間に資産が積み上がっていく、というのも長所だろう。その間、投資に心や時間を割かれずに、本業で所得を得ることに集中できる。

そうした積立投資の利点に、税制の優遇措置が加わったものがつみたてNISAであるから、利用価値は高いといえる。

ただ、そうした有用な制度であるからこそ、つみたてNISAの解説本が多く出版された。また、ネットメディアも含め、多くのメディアでつみたてNISAという言葉が躍った。そうした書籍やメディアの内容をきちんと読んで理解したのであればよいのだが、どうもその言葉だけを知って、「つみたてNISAとは、何だかよくわからないが、決して損をしない投資らしい」と勝手に思い込んだ人が多いようだ。

証券会社や銀行の店頭で働く人たちから多く聞いた話だが、つみたてNISAが注目されたことで、支店を初めて訪れて「つみたてNISAください」といった人がかなりいたという。つみたてNISAという投資商品があると思ったらしい。

それに準じる話題として、2019年初め辺りから積立投資を始めて、同年5月や8月の株価下落で怖くなり、つみたてNISA口座を解約した人も多かったと聞く。この話は、積立投資とは長期投資だったのではないか、すぐに売却してどうする、とか、NISAは運用益が非課税になるのが利点なのに損して解約してどうするのだとか、ツッコミどころが満載だ。

そもそも、2019年5月や8月の下落といえば、日本株では、日経平均株価が当時のピークの22,000円前後から20,000円強に下げただけだ。つまり、最高値から最安値までで1割弱しか下落しておらず、毎月積立であればピークで全部買ったわけではないから、日本株投信の積立で評価損が発生したとしても、1割には達していなかったろう。

こうしたつみたてNISA解約に走るというドタバタの背景には、何か万能な投資手法があり、それがつみたてNISAであって、ほとんど損失など発生しない、という誤解があったのだろう。その誤った期待が勝手に裏切られて勝手に狼狽し、不幸な結果に陥ったと推察される。

## 低い手数料を求めれば万事よし？

投資において、リターンはコントロールできない、といわれる。いや、自分は、今年は手持ちの金融資産を3倍にしたい、という目標というか願望を抱くのは勝手だが、そう都合よく市場は動かない。

それに対して、コストはコントロール可能だ。個別銘柄の売買手数料や、投資信託を購入ならびに保有する場合の種々の手数料は、明示されている。そのため、投資商品を選択する際に、同様の金融商品であれば、諸手数料が安いほうがよいことになる。

ところが、単に手数料が安ければ安いほうがよい、という誤解も広がっているようだ。特に投資信託の場合、株価指数などに連動することだけを目指す運用を行うインデックス運用と、株価指数などを上回る運用収益を目指すアクティブ運用がある。アクティブ運用のほうが、有望な銘柄を探すための調査部門や、売買を効率的に行えるよう執行する部門などに、人材を抱える必要があるなどにより、どうしても投資家にとってのコストは高くなる。その点から、インデックス運用のファンドしか購入したくない、という人も多いようだ。

しかし、最も重要なのは、まず各運用資産の手数料を把握することであり（自分の支払っている手数料がいったいいくらなのか、知らない人も多い）、それをもとに、２つの運用資産に手数料の差がある場合、高い手数料を払って得られるものが、その差に見合うか、という点に尽きる。

あるアクティブ運用のファンドの手数料がインデックスファンドより高くても、それに見合った優れた運用をするだろうと、合理的に期待できるのであれば、コストの高いアクティブファンドに資金を投じることは、決して悪いとはいえない。

結局、いったい自分は何に投資をしているのかをしっかり理解し、それに対して何を支払っているのかも把握し、妥当かどうか判断することが重要である。ただ、「金融機関がこのファンドがいい、といったから買ったが、そのファンドが何に投資しているのか、どういう仕組みで運用しているのか、よくわからない」という投資家も、驚くべきことに実際には多い。

以上、万能ツールを求める心理の危うさについて、いくつか事例もあげて述べてきた。結局は、新型コロナウイルス流行への対策においては、手洗い、マスク、ソーシャルディスタンスなどを地道に日々守り、それで感染のリスクを有意に低下させられるが完璧ではない、万能な策は存在しない、という認識をもつことが重要だ。それと同様、投資においても、投資情報の収集咀嚼や、長期分散投資などの投資手法ならびに投資対象となる金融商品の検討を地道に日々行い、それにより投資の失敗の可能性を有意に低下させられるが完璧ではない、万能な投資手法は存在しない、と認識すべきなのだろう。

## コロナ禍で現れた「自粛警察」や「他県ナンバー狩り」の動機は？

今回のコロナ禍で、「自粛警察」という新語が誕生した。自粛下でも営業を行う飲食店などに、営業をやめろとの電話をかけたり貼り紙をしたりするばかりではなく、実際に面と向かって抗議する、ということまであったようだ。こうした自粛警察の活動は、国や都道府県の自粛要請対象ではない商業行為、たとえば飲食店がテイクアウトの弁当を売っているところに行って、「あんたの弁当にウイルスがついているのではないか」といちゃもんをつける人までいたともいわれている（実際にそうだったのかどうかは、筆者は確認はとれていない）。

同種のものとして、前述のように、マスクを着用していない人に攻撃的になる「マスク警察」という言葉もささやかれ始めた。また、感染者が少ない県で、他県ナンバーの車に「この県に来るな」との貼り紙をするどころか、車に傷をつけるなどの破壊行為もあったと聞く。こうした「他県ナンバー狩り」を沈静化させようと、県内在住の他県ナンバーの自動車所有者のために、「○○県内在住者です」と地元の人であることを示すものがプリントアウトできるよう、ホームページなどに公開した地方自治体もあったほどだ（その後、公開を撤回した場合もあったようだ）。

こうした行為は、「自分は新型コロナウイルスをうつされたくない」「うちの地元では感染者が少ないから、他の地域からウイルスを持ち込んでほしくない」といった、自分は、自分の地域は、といった、自己防衛的な意識によるものだと考えている。それが行き過ぎて、一部の地方では、感染者の出た家庭が嫌がらせをされて、いたたまれなくなり引っ越さざるをえなくなった場合もあったようだ。

ただ、そうした「○○警察」「○○狩り」に走った人たちは、おそらく「自分のためにやっている」とはいわず、「社会のために感染を広げたくない」「他の人を感染から守りたい」などの、「みんなのため」「社会正義のため」といった大義名分を主張して、自己の行為を正当化しようとしているのではないだろうか。

## 投資における「自粛警察」

実は、投資の世界でも（投資の世界に限らないのだろうが）自粛警察まがいの行動をとる人が多い。SNSなどでは、特に投資予想を提示する専門家に対する、攻撃をよく目にする。

専門家の主張に批判すべき点があれば、それを指摘するのは当然だ。たとえば主張の根拠が漠然としている、根拠が数値等で明示されていない、論理の飛躍がある、等々は、改めるべき点であり、他者から批判されるべきだろう。

しかし多くの投資における自粛警察は、単に事後的に見通し数値が当たったか外れたかだけを取り上げ、非難を浴びせる(その一方で、見通しが的中したことには言及しない)。なかには、仕事をやめろ、もう見通しをマスコミ等で語るな、などと主張する向きも多い。こうした向きは、「お前のような外れる見通しに多くの投資家がだまされることは、投資業界にとって社会悪だ」といったような、コロナ禍における自粛警察と同様、社会正義のため、みんなのため、という「口実」をよく持ち出す。しかしその動機の実態は、その見通しの根拠や論旨展開を検証することもせず、ただ最終結果の見通し数値だけをうのみにして、自身で売買して損失を被ったことを、腹立たしく思っているという個人的な憤懣や、専門家を叩くことでうっぷん晴らしをしている、というところだろう。

「いや、この専門家は見通しが外れ続けているから、次回も外れるだろう、それを多くの投資家に対して示し、SNSなどで警鐘を鳴らしているのだ」といったような、自己正当化を図る人も多いかもしれない。ところが、前述のように、当たり続けている専門家が次回も当たることと、そうした専門家が次回は外すことと、外れ続けている専門家が今度は的中することと、再度外すことについては、確率はほぼ同じだという感触だ。つまり、見通しの数値が過去に的中したかどうかだけをみても、何もわからない。

では、どの専門家も役に立たないのではないか、と思う方もいるかもしれない。筆者はそうではないと考える。根拠もなく、論旨展開も脆弱な専門家が仮にいたとして、その人の市況の見通し数値が当たるかどうかは、市況が上がるか下がるかの的中だけで考えると、コインを投げて裏か表かで見通しを決めているのと同じなので、50対50だ。こうした専門家の言説は、投資家が将来の市場動向を自分自身で考えるうえで、まったく参考になるまい。

一方、論拠をきちんと収集して提示し、それに立脚した分析を示して、市況の予想数値を打ち出している専門家でも、現実の市場動向はその見通しどおりに動かないことがとても多い。それでも、いい加減な専門家よりは、はるかにましだろう。とはいっても、市況の上げ下げが当たるかどうかの最終結果だけをいえば、感覚的には、ほぼ55対45程度の的中度合いという感触だ。

結論の数値の当たり外れだけを問えば、好悪両者の専門家の差は、そんなものだ。それでもデタラメよりは有意だし、論拠と論旨展開が投資家に明示されていれば、それを踏み台として、その後に投資家自身が自分で考えて市況展望を構築する助けには、おおいになるだろう。

したがって、投資の「自粛警察」が、専門家の論拠や分析を無視して、実際の市況が動いてから、「後付けで」単に見通しの数値が外れたと責めつけても、ほとんど何の意味もない。

それどころか、結論の数字の当たり外れだけで、たびたび自粛警察が専門家を袋叩きにしていたら、どうなるだろうか。専門家も人間なので、意味なく叩かれて楽しいはずがない（分析内容などについての、意味のある指摘、批判は、ありがたく感じて歓迎する専門家が多いと思う）。そうなると、むやみやたらに無意味に叩かれることを避けるため、専門家は「今後の株価は、上がるか下がるか横ばいかのどれかでしょう」に近いような物言いとなり、踏み込んだ見通しを語らなくなるだろう。

「○○が起これば株価が上がるが、起こらなければ株価が下がるでしょう」といった、結局先行きがどうなるのかわからない見通しを述べる専門家も多い。なぜそうなってしまうかといえば、起こるかどうかの不透明感が強く、その成否を予測することがきわめてむずかしい材料が、市況の上下を決してしまうような事態だとしよう。それでも誠意をもって投資家に自身の考えを明示しようと、「どちらかといえば○○が起こる可能性が高いと見込むので、先行きの見通しはむずかしいが、株価が上がる確率がやや勝ると予想する」と専門家が語ったとする。その場合、最終的に株価が下がると、その材料が本当に生じるかどうかきわめて不透明であったことや、ほぼだれにも予測できなかったことを棚に上げて、「株価が上がるといったのに下がった、けしからん奴だ」と市況の結論だけで非難されるおそれがあるため、結局専門家が毒にも薬にもならない見通しを述べることに追い込まれているのではないだろうか。

このように、投資の世界における自粛警察が、過剰に専門家を責め立てることで、専門家がリスクをとって結論を明確に提示することを避けるようになれば、それが投資家全体にとって損失となりうる。つまり自粛警察がやっていることは、実は社会の公益に反する「悪」だといえる。

それでも、自分の目からみて、能力に疑問符がつく専門家が、マスコミなどに登場して、わかったようなふりをして見通しを堂々と語っているのは、気持ちが許さない、という人もいるかもしれない。その場合は、投資家は特に何も語らず、その専門家のいうことを見聞きしなければよい。本当にその専門家が、分析などに疑義が多いのであれば、多くの投資家が、その専門家が載っている雑誌を買わず、出演するテレビやラジオを視聴せず、講師を務めるセミナーに行かなくなるだろう。そうすれば、その専門家は自然と消える。

筆者の個人的な経験だが、テレビやラジオのプロデューサー、雑誌や書籍の編集者は、人をみる目はかなりもっている。そうした「プロ」は、一時的には能力に乏しい専門家を使うことがあっても、次第に避けるようになることが多いと感じる。

## 健康ニセ情報の拡散

今回の新型コロナウイルスの流行時に限った話ではないが、

特にこのウイルスについてはわかっていないことが多く、多くの相反する情報が乱れ飛んだと思う。そうした例として、PCR検査やマスク、BCGワクチンをめぐる諸論は、すでに触れた。

そのほかにも、新型コロナウイルスの感染者や死亡者の数は、日本を含む東アジア諸国で、人口当りの比率が低いという傾向があるが、それがなぜか、という点についても、さまざまな説が飛び交っている。

そうした諸説は、まだ確固たる結論が得られておらず、相矛盾する説が唱えられるのは、致し方ないといえよう。ところが、「○○という食品を食べることが有効なようだ」といったような、怪しい情報もかなり流布された。なかには、「××国の感染症研究で著名な大学教授によれば」「感染症の政府系の研究所にいる、高名な研究者が語ったところでは」といったような「マクラ」のついた、信頼に欠けるような文章も広まったようだ（たとえば、新型コロナウイルスはちょっとした熱に弱いので、お湯を飲むのがよい、という内容だったが、それなら体内で体温により、すでにウイルスは活性を失ってしまいそうなものだ）。

こうした怪しい健康情報は、新型コロナウイルスに限らず、以前から、また頻繁に流れるが、なぜそうした情報が広がるかといえば、広める人が多いからだ。その多くが、目にした健康情報をざっと読んだだけで、その真偽を確認しようともせずに、すぐにSNSでリツイートやシェアしてしまう。そして、どうもその情報が怪しいものらしい、ということがわかると、「だって、ほかの人の役に立ちそうだから、すぐにみんなに教えてあげようと思ったから」と、善意からの行為であったと言い張り（たしかに本人は善意だったのだろうが）、自分はニセ情報にだまされた被害者であると主張する。しかし、ニセ情報の拡散に過失とはいっても手を貸し、多くの人に迷惑をかけたのだから、実は拡散した人物は「加害者」であるとみなすべきだろう。

## 投資におけるニセ情報の拡散

投資の世界でも、いや、投資に限らないが、ニセ情報、あるいは真偽がわからない情報は多い。個々の企業について風説を流布し、株価に影響を与えようとの行為は、金融商品取引法（第158条）違反となる。ただ、個別企業ではなく、全般的な市場動向に関するものでも、真実かどうか怪しいものが広がることも多い。

いわゆる「陰謀説」については、第３章でも述べるが、「この株価下落は、海外短期筋の仕掛け売りだ」といった類いの話は特に多い。それは本当かもしれないが、真実ではないかもしれない。ただ、多くの人の関心を呼ぶためか、そうした真偽がよくわからない話が、拡散されることもよくあるように思う。

筆者もセミナーで、「（そうした類いの）これこれこういう話を聞いたが（もしくは、その話を信じているが）どう思うか」という質問をよく受ける。その大半が、常識で考えてありそうもなかったり、根拠薄弱だったり、論理が飛躍していたりするので、それは正しくないだろう、と答えることが結果として多い。ただ、筆者の答えを聞いた方は、腑に落ちない顔をして、「だって、みんながそういってますよ」と不満げなことがよくある。おそらくその場合の「みんな」とは、SNS上で拡散された情報などを指していることが多いのだと推察している。

SNS上で流れている投資関連情報をどう取り扱ったらいいか、ということだが、まず自分自身の頭で考えて、信頼に当たるかどうかを判断すべきだろう。その場合、100％正しい判断ができるとは限らないが、自分で信頼するかどうかを決め、その結果何が起こっても自分の責任だ、という覚悟があるのなら、自分の判断を信じればよい。

そして、信頼できる情報だと考えれば、自分でその情報を活かして投資すればよいし、そうでないと考えれば、使わずに捨てればよい。それを、わざわざほかの人に、しかも自身で判断することなくちょっとみただけで、拡散する必要はない。リツイートやシェアをまったくしなくても、生きていくうえで何も困らない。

## 現実社会では、実験はできない

今回のコロナ禍で、どういう対策をとるかについて、議論が戦わされた。特に二項対立的な様相が強まったが、それは、ウイルスの流行を防ぐには、極力人々の行動を抑制したほうがよい、という結論になりやすく、一方で行動抑制が進むと経済に打撃になる、という問題が生じるからだ。つまり、ウイルスの流行抑制と経済の、どちらをとるのか、という議論になりがちだったといえる。

それぞれの立場から論陣が張られたが、経済活動の抑制を行ったからこそ、これだけの感染者数や死亡者数ですんでいる、という主張もあったし、感染者数や死亡者数の時系列グラフと、経済活動の自粛要請が発動されたタイミングをあわせて、自粛により感染者数などがぐっと減った、というようにはみえない、という論も聞かれた。もしくは、経済活動を著しく抑制すると、生活苦による自殺者が増え、その数が新型コロナウイルスに感染して亡くなる人の数を上回る、と述べる向きもあった。

ただ、そうした議論は、なんらかの試算に基づく数値データを使っているものも多く含まれており、説得力があるように思われるが、実は正確な議論ではないと考える。本来は、たとえば自粛要請が感染の防止に有効であったかは、自粛要請を行った場合の「現実の」感染者数や死亡者数と、自粛要請を行わなかった場合の「現実の」感染者数や死亡者数を、比較しなければ正確ではない。しかし、異なった現実が同時並行的に（同じ時間、同じ空間に）存在することはありえない。

ほとんどの自然科学の場合は、実験室で現実の一部を切り取って、異なった現実を発生させて比べることが可能だ。ただ、医学自体は自然科学だが（医薬品も、治験を経て認証される）、現実世界で生きる人たちの行動が現実に自粛要請でどう変容して、その結果感染経路がどうなるかは、実験室の枠を超えている。

もちろん、述べたように、なんらかの数学的なモデルを設定して試算し、数値データを示すことは可能だ。ただそれは、1つの試算にすぎず、現実にとってかわることはできない。

## 経済や市場でも、実験はできない

経済政策が景気に与える効果や、株価や為替市場などに及ぼす影響も、本当のところはわからない。もちろん、経済の計量的なモデルは数多くあるし、かなり精緻なものも構築されている。また市場の価格の振る舞いを分析する数理モデルもある。そうした数式の塊で、「○○という経済政策が打ち出されれば、この程度の経済成長率に対する押上効果があり、株価はこれだけの幅持ち上げられるはずだ」などの試算はできる。

しかしそれは、1つの試算にすぎない。実際に経済や株価に生じる影響がどれほどのものであったかは、その経済政策が打ち出された後の現実と、打ち出されなかった後の現実を、比較して差を見つける必要がある。しかしコロナ対策と同様、異なる現実を同時並行して走らせる「実験」は不可能だ。

近年、特に話題にのぼるのは、「日銀が株式ETF（Exchange Traded Fund、上場投資信託、上場株式と同様に売買できる投資信託）を買っているから株価が上がっているのだ」という言説だ。日銀がおおいに株式を買っているのだから株価が上がるのは当然だ、と考える気持ちはわかるし、日銀による株高効果を測定した試算もあるだろう。しかし、本来の株価は、きわめて多くの要因から形成されているのではないだろうか。

また、逆に、日々の日銀のETFの買入額と、その日の日経平均株価が上がったか下がったかを突き合わせると、ETFを買った日に株価が下落した、ということもかなり多い。すると、「日銀が買うとむしろ株価が下がる」という結論を得てしまいそうだ。しかし実際には、株価が大きく下落した日に、日銀がそうした株安は好ましくないと判断して、株式ETFを買って株価を支えようとしたが、それでも大幅な下落をすべて覆すことはできなかった、ということだったかもしれない。だとすれば、日銀がETFを買った日は株価が下がることが多かったが、日銀が買わなかったらもっと下がった、という考え方が妥当な可能性はある。

結局これも、日銀が買った場合の現実と、買わなかった場合の現実を比べないと、本当のところはわからないのだろう。

ここまで述べると、筆者はあれもこれもわからない、とだけいいたいのではないか、と思われる方も多いだろう。述べたいことは、そうではない。経済も市場も実験室のなかで効果を測定することはできないが、数理モデルなどである程度の仮説を立てることはできる。そうした仮説で確からしいものがあれば、それを中核として先行きを考えるが、ほかにも多くの要因があってそれらが経済や市場を動かしている、という意識を忘れないようにする、ということが肝要だ、と考えている。

つまり、「日銀が株式ETFをどんどん買うので、株価が上がる一方だ」「主要国の中央銀行が積極的な金融緩和を行い、金余りになっているから、株価はどんどん上がる」という説を採用するとして、株価の上昇傾向を投資家として見込むことはさしつかえない。しかし、そうした仮説は100％正しいと慢心せず、他の株価の上げ要因や下げ要因も常に数多く観察し、投資行動をとる、ということが大事なのだ。それに反して、ただ1つの説に全力で賭けるのは危険だ。すべての仮説は、実験が不可能な経済や市場においては、常に誤る可能性をはらんでいる。

第 2 章

# 「コロナ禍」だけが市場動向を一変させたのか

2020年の市況変動の真の要因は、
ブラックスワンではなく、
2匹の灰色のサイ

# 1 すべては「コロナ禍」というブラックスワンのせいなのか

## 2020年の世界は、新型コロナウイルスの流行に大きく揺るがされた

2020年の世界は、話題が新型コロナウイルス一色に塗りつぶされた感がきわめて強かった。

新型コロナウイルスの流行が始まった時期は、諸説あり定かではないが、2019年12月頃が、中国の湖北省武漢市から始まったとされる流行の本格化ではないか、との説が多いようだ。

そうした新種の感染症が流行し始めたとの報道が増えても、たとえば日本では、2020年に入っても、他国からの観光客に対し、渡航制限などはまったく打ち出されていなかった。特に2020年１月24日から30日は、中国では春節（旧暦の正月）の休暇に当たり、諸外国を観光で訪れる中国人が多かった。そのため、世界全体からの訪日外国人旅行者数（観光客のほか、ビジネス客などを含む）[1]は、2020年１月は前年比1.1％減と、ほぼ前年並みの高水準を維持していた（当月の訪日客数は約266万人）。日本を訪れる外国人が大きく減り始めたのは2020年２月からで、訪日客数の前年比は、２月が58.3％減、３月以降は

1　日本政府観光局（JNTO）「訪日外客数」による。

90％以上の減少となっている（さらに4、5、6月の入国者は3,000人以下）。このように、海外からの入国者について、当初は特に制約を設けていなかったのは、日本だけではない。

加えて流行が始まった頃は、死者が出ても高齢者あるいは呼吸器などに既往症がある人など、きわめて一部に限られており、全年齢層にわたる致死率は低いから、大して騒ぐことはない、との見解が多かった。あるいは、インフルエンザと同様の感染症にすぎず、騒ぐことはない、といった言説も多くなされていたように感じる。特に欧米諸国では、中国から他国に広がっても、しょせんアジア地域に限られた感染症だ、自国は関係ない、との楽観視も強かったようだ。

しかし結果として、多くの人にとって、想定以上の感染の事態となってしまった。2020年7月30日現在では、世界全体の感染者数が1,700万人を超え、そのうち67万人超は亡くなっている[2]。

## 経済についても、新型コロナウイルスは想定外の出来事

人命、健康といった点で、コロナ禍は想定外の事態となったが、それが世界の多くの人の生活行動に制約を設け、経済にも甚大な影響を与えた。

特に、海外渡航のみならず、国内での移動も感染を広げる懸

2 https://www.worldometers.info/coronavirus/

念があるため、移動全般の自粛あるいは大幅な制限が設けられた[3]。これが、空運、鉄道などの旅客数の激減を引き起こし、宿泊、観光等の諸産業に打撃となった。

また多人数で集まると感染が一気に広がるおそれがあるということから、スポーツ、音楽ライブなどの興行が止まり、種々のイベントも中止された。マスクなしで人々の距離が近いと感染のおそれが高いということから、テイクアウトやデリバリー以外の外食店は営業がむずかしくなり、特に飲酒時のリスクが高いということから夜の飲食の業態は制約が長期化した。

小売業でも、食品等、日常生活に必須の品目については営業が認められた（むしろ、日本では、百貨店の食品フロアーについては、営業自粛しようという店に対して営業が求められた）[4]が、衣料品などについては営業を休止する小売店が多かった。

勤務形態も大きく影響を受けた。通勤や職場で感染リスクがある、という判断から、可能な範囲でネットによる業務（リモートワーク）が導入された。とはいっても、それまでリモートワークを行ってこなかった企業も多く、そもそもリモートワークが可能なシステムを用意するだけではなく、セキュリティの問題（情報漏えいなど）で、ハード面（パスワードの設定や

---

3　国、あるいは都市によっては、食料品の調達など必須の用件を除いては、外出自体をほぼ禁止するケースもあった。こうした外出禁止をロックダウン（lock down、都市封鎖）と呼んだ。

4　百貨店大手各社と日本政府との間で、どこまで休業範囲とするかで、異論があったと報じられた。たとえば、2020年４月10日付朝日新聞「「なんて勝手」国が百貨店を非難　デパ地下休業で板挟み」参照。https://www.asahi.com/articles/ASN4B64C6N4BULFA033.html

通信における情報漏えいの防止）とソフト面（たとえば、社外でパソコンにより業務を行っている時に、他者が画面をのぞくことがないか、など）の両方について、対応が必要となった。その点で、なかなかリモートワークを導入できなかった企業も多かったと推察する。

また中小・中堅企業の場合は、そうしたシステム対応のコスト負担がむずかしく、日本では政府（厚生労働省）が、一部の中小企業について、「働き方改革推進支援助成金」を給付している[5]ものの、導入が容易ではない場合も多々あるだろう。また大企業でも、自社でリモートワークに適したシステムを開発することがむずかしく、他社に外注しようとしたところ、同様の依頼が多く、何カ月もの「待ち」になっているとの話を聞いた。

顧客情報の取扱いなどできわめて機密性が必要なケースもあるし、そもそもリモートワークができない職種も、小売、医療、運輸など幅広い業種で存在する（小売店が、無人店舗で自動決済できるようになり、品物の納入・棚への陳列も全部ロボットがやるとか、全部ドローンで自動配達する、などといったことにできれば別だろうが）。そうした、人々の生活のために不可欠で、リモートワークできない労働者のことを指す、「エッセンシャル・ワーカー」という言葉も、よく聞かれるようになった。

また、企業活動という点では、さまざまな国の工場で、感染

5 https://www.mhlw.go.jp/stf/seisakunitsuite/bunya/koyou_roudou/roudoukijun/jikan/telework_10026.html

を避けるため、従業員の出社が停止あるいは一部の社員だけの勤務になる、といった動きも一時は広がった。世界的に生産チェーン（原材料、部品、半完成品、完成品といった、製造の流れを指す）が多国籍化しているため、ある国で新型コロナウイルスの流行が深刻化し、その国での他国企業の完成品製造が滞った（たとえば日本企業の中国における製品生産に打撃が生じた）。さらには、ある国で部品の生産活動に支障が生じると、まったく別の国で、そこではコロナ禍がそれほど深刻でないにもかかわらず、部品が供給されないため生産活動が休止せざるをえなくなる、といった事例も引き起こされた[6]。

## 売上げが増加した製品・サービスもあり、また混乱もあった

一方で、経済活動が制約されたからこその、需要拡大もあった。たとえば飲食については、自宅で料理をする人が増えたため、食品スーパーでは一人が以前より多くの食品を買うようになり、客単価（一人の客が一度に購入する金額）の上昇がみられた。またテイクアウト（持ち帰り）やデリバリー（出前）の需要が増加した。とはいっても、ファーストフードなどを除く一般の飲食店については、テイクアウトやデリバリーでは補えな

6　自動車については、生産チェーンの多国籍化で、生産活動の乱れが大きかった。たとえば2020年６月１日付「日経クロステック」（次のリンクは翌日付の日本経済新聞電子版に転載されたもの）参照。https://www.nikkei.com/article/DGXMZO59858830S0A600C2000000/

いほど、売上げが落ち苦境を迎えたところが大多数だっただろう。

衛生意識の高まりから、マスクやハンドソープ、アルコール除菌剤などの売上げも増加した。マスクについては一時は供給が間に合わず、品不足が深刻化し、日本では政府が布マスク(「アベノマスク」という新語が生まれた)を配布することとなった。またネット上での高額転売が問題視された。こうした品不足騒ぎは、供給面で問題がないはずの紙製品(トイレットペーパー、ティッシュペーパーなど)にも波及し、小売店の店頭で混乱が生じた。小売店の棚から物が消える、という騒ぎは、日本のみならず、他国でも多く発生したと報じられている。

自宅での消費、いわゆる「巣ごもり消費」についても、EC(Electric Commerce、電子商取引)の利用が増えた。そのため、宅配業者は多忙となったが、多くの人が自宅にいて不在のための持ち帰り・再配達がかえって減ったとか、対面での手渡しを避けたい人が玄関などへの「置き配」を希望する場合も増えた、という話も聞く。

また娯楽も、ネットゲーム、ネットによる動画配信サービスの利用が増えた。コンサートが事実上不可能になったミュージシャンの間では、有料の無観客ライブを行う向きも現れた。

こうしたさまざまな変化で、「コロナ後」も長期的、構造的に生じうるものについては、第4章で詳しく論じるが、述べたような需要の増加が一部で発生しても、経済全体を支えるには力不足であったといえるだろう。

## 世界の実質経済成長率は、急激に落ち込んだ後、緩やかな戻りにとどまりそう

そうした新型コロナウイルスの流行による、供給面と需要面、企業と家計の混乱により、2020年以降の世界経済がどうなるかは、依然として予断を許さない。

ただ、世界経済の見通しは、IMF（International Monetary Fund、国際通貨基金）が定期的に発表しており、それを参考にする人が多い。

IMFによれば、コロナ禍直前の2019年10月時点では、世界全体の実質経済成長率[7]は2019年は3.0％で着地すると見込まれており、2020年は3.4％、2021年は3.6％だと予想されていた[8]。ところがコロナ禍を受けて、2020年６月時点の見通しでは、2019年の実際の実質経済成長率は2.9％となり、2020年はマイナス4.9％と大幅な不況に突入した後、2021年は反動で5.4％を記録するというかたちに修正された[9]。リーマンショック直後の2009年は、やはり世界の実質経済成長率はマイナスに落ち込んだが、当時は0.1％のマイナス幅にすぎず、リーマ

---

7　厳密さを欠くが、実質経済成長率とは、物価上昇分を除いた経済活動の増加率で、数量ベースで測った経済活動の伸び（たとえば自動車を何台つくった、など）に近い。

8　2019年→2020年→2021年の実質経済成長率について、2019年10月時点の見通しでは、うち先進国全体では1.7％→1.7％→1.6％、新興国全体では3.9％→4.6％→4.8％。

9　同様に、2020年６月時点の見通しは、先進国全体では1.7％→－8.0％→4.8％、新興国全体では3.7％→－3.0％→5.9％。

ンショックを上回る急激な景気後退になりそうだといえる。

IMFの直近（2020年6月時点）の世界経済見通しでは、新興諸国の2021年の景気の戻りが力強く、世界全体でも2020年の落ち込みを2021年でほぼカバーしてしまう、という予想となっている。しかし多くのエコノミストの間では、そうしたV字型の回復は楽観的過ぎており、落ち込みからの景気の戻りは緩やかなものとなって、コロナ禍前の経済活動の水準を取り戻すのは2022年になる、との見解も唱えられている。

実際、足元の経済動向がどう推移しているかは、日米など主要国について、この第2章の後のほうで述べる。

## ブラックスワンとは？

このように、新型コロナウイルスの流行という想定外の出来事は、世界経済の状況に多大な影響を与えている。こうした想定外の出来事を、「ブラックスワン」と呼ぶ。

日本ではスワンを「白鳥」というため、ブラックスワンは「黒い白鳥」といった矛盾した言葉になってしまうので、「黒いスワン」という書き方にする。かつては欧州などに住む人々にとっては、スワンは白いものであり、黒いスワンなどは存在しない、と考えられていた。ところが1697年にオーストラリアで、同地の固有種である黒いスワン（コクチョウ）が発見された。ただ、「発見」といっても、それは他国の人にとって発見だった、ということであって、以前からオーストラリアに住んでいた人々からすれば、既知の鳥にすぎなかったわけだが。

こうしたことから、起こるはずがないと思われていた出来事を「ブラックスワン」と呼ぶようになった。なお、ある事象をブラックスワンと称するには、単に想定外の出来事であった、ということだけではなく、経済や市場動向に与える影響が甚大である、といった側面も必要だ、との主張もある。実際、今回のコロナ禍は想定外であったのみならず、世界の経済などに多大な影響を及ぼしているのだから、まさに「ブラックスワン」と呼ぶに値する出来事だったといえるだろう。

## 世界の株価なども大きく変動

新型コロナウイルスの流行は、金融・証券市場をも揺るがした。さまざまな市場の動向は、この章の後で詳しく述べるが、主要国の株価も一時は大幅な下落をみせた。

たとえば日本の代表的な株価指数である日経平均株価は（図表２－１)、終値ベースでは（１日のなかの高値や安値ではなく、毎日の最後の価格だけでいうと）2019年12月、2020年１月と２月に、24,000円近辺で３度高値をつけていた。2020年１月20日の最高値であった24,083.51円は、バブル崩壊後の最高値である2018年10月２日の24,270.62円には及ばなかったが、かなり接近していた。

ところが、３度目の終値ベースの高値である2020年２月６日の23,873.59円から、日経平均は下落傾向に転じ、そのスピードは２月下旬から加速して、３月19日には同じベースで最安値の16,552.83円に達した。２月高値から30.7％もの下落率だ（１

## 図表２－１　日経平均株価の推移

(出典)　FactSetよりBdフルーレット作成

## 図表２－２　ニューヨークダウ工業株の推移

(出典)　FactSetよりBdフルーレット作成

月20日の最近の最高値からは、31.3％の下落)。

米国のニューヨークダウ工業株指数は（図表２－２)、2020年２月12日に29,551.42ドルの終値ベースの高値をつけた。これは、史上最高値であった。そこからやはり株価は下落に走り、最安値は３月23日の18,591.93ドルとなっている（その間の下落率は、37.1％)。

世界全体の株価動向を表す株価指数は複数あるが、MSCI ACWI[10]でみると、暴落前の最高値は２月12日の581.02ドル（ドル建て）で、そこから３月23日には最安値の384.04ドルまで下落した（下落率は33.9％)。

日米や世界全体で、ざっくり３割を超える株価下落だった。2008年秋から2009年春を中心とした、リーマンショック時の株価下落局面では、高値から安値までで、主要国の株価指数が半値以下になったので、当時ほど大幅な株価の下落率ではなかった。ただ、当時は株価が高値から安値に達するまで半年前後かかっているから、今回のコロナ禍における株価下落のほうが、下落スピードが速かったとはいえるだろう。

## 市場の波乱はブラックスワンによるものなのか

ここまで述べると、2020年３月にかけての世界的な株価下落をもたらした理由は、ひとえにコロナ禍というブラックスワン

10　MSCI All Country World Index。MSCI（Morgan Stanley Capital International）が算出する指数の１つで、先進国（23）と新興国（26）の主な銘柄の株価から計算されている。

だ、と考えるのは自然だ。特に前述のとおり、2020年２月前半までは、世界的に株価が高値圏で推移していたため、「新型コロナウイルスが流行しなければ、３月以降も世界の株価は上がり続けたに決まっているのに、コロナ禍のせいで大きく株価が下がってしまった」との声も多いだろう。

しかし筆者は、さすがに新型コロナウイルス流行が、株価動向に何の影響もなかったとまではいわないが、株価下落の主要因がコロナ禍というブラックスワンだ、とはまったく考えていない。何が株価下落を引き起こした「本尊」であるのかは、このすぐ後から詳しく述べる。

ただ、「ブラックスワンこそが株価を押し下げた」というかたちで解釈すると、どういう帰結になるだろうか。ひとえにコロナ禍により、前述したIMFの世界経済見通しによれば、2020年はまだ世界経済は立ち直るとはとても言いがたく、2021年も不振の色が残るかもしれない。すると、株価はずっと低迷し続けるはずだ、という結論になる。

しかし実際には、主要国の株価は、2020年３月後半の安値以降、大きく持ち直している。たとえば米国のニューヨークダウ工業株指数は、いったんの夏前の高値として、６月８日に27,572.44ドルまで戻している（これ以降も、終値ベース）。３月23日の安値である18,591.93ドルからみて48.3％もの上昇だ。この時点では、まだ２月12日の高値29,551.42ドルには届いていなかったが、わずか6.7％だけ低い水準にまで一時戻したことになる。

それどころか、同じ米国の株価指数であるNASDAQ総合指数[11]は、コロナ禍前の高値を上回り、本著執筆時の2020年７月20日の終値は、史上最高水準だ。NASDAQ総合指数には、巣ごもり消費やリモートワークといったネット利用の恩恵を受ける、代表的な企業が含まれており[12]、ニューヨークダウ工業株指数より上昇率が高いことは、コロナ禍の影響として理解できる。しかし「コロナ禍というブラックスワンこそが３月までの株価下落の理由だ」と決めつけてしまうと、最近の全般的な株価の上昇については、「コロナ禍が解消されていないのに株価が３月下旬から上がるのはおかしい」「株価が間違っている」という結論になってしまう。

筆者は、「コロナ禍というブラックスワンが株価下落の最大の要因だ」という見解が誤っており、誤っているからこそ３月下旬以降の株価の反転上昇が説明できなくなっているのだと解釈している。つまり、最初の誤りの結果として、続いて生じた株価上昇の見解も誤ってしまっているのだろう。誤りのうえに誤りを重ねている状況に、多くの人が陥ってしまっているのだ。

こうした、出だしの解釈を間違えると、その後続けて間違い続ける、ということは、実はよく起こる。その点でも、第１章

11　全米証券業協会（National Association of Securities Dealers）が運営するNASDAQ（National Association of Securities Dealers Automated Quotations）市場の株価指数。

12　たとえば、Amazon.com、Apple、Netflixなど。

でしつこいほど解説したように、最終的な見通しの数値が事後的に当たったかどうかはそれほど重要ではなく、背景要因を的確に取り上げ分析できているかのほうが、はるかに大切だ。

では筆者は、何が株価を動かした本質だと考えているかを、これから説明していこう。

# 2 市場波乱を引き起こした真相は、2匹の灰色のサイ、その1匹目は？

## 灰色のサイとは？

筆者は、2020年３月にかけての世界的な株価下落を引き起こした「本尊」は、コロナ禍というブラックスワンではなく、２匹の灰色のサイである、と考える。

ブラックスワンやら、灰色のサイやら、動物が出てきた。また、市場では株価が上がる、もしくは株価上昇見通しを抱くことを、ブル（牡牛、強気の意味）、逆に株価が下がる、株価が下落すると考えることをベア（熊、弱気の意味）というし[13]、ほかに景気や市場動向の変調のいち早い兆しを「炭鉱のカナリア」とも呼ぶので、「動物大喜利のようだ」[14]とお感じの方も多いことと思う。

それはさておき、２匹の灰色のサイが具体的に何だったかを解説する前に、「灰色のサイ」という言葉が何を意味するかを述べておこう。

---

13　なぜブルとベアなのかは、確固たる説はないが、牛は角で下から上に突き上げるから株価上昇を意味し、熊は前足で上から下に叩き落とすので株価下落を意味する、という見解がある。

14　ほかに、市場の大きさに比べて巨額の運用資金を「池の中のクジラ」、特定の銘柄に噂などをもとに群がる投資家を「イナゴ」と呼ぶなど、動物がらみの言い回しは多い。

ブラックスワンが、いないと思われていた動物であるのに対し、サイが灰色であるのは、当たり前だ。つまり、だれもが知っているリスク要因を指す。投資において、だれもが知っている要因（プラス要因もマイナス要因も含めて）は、「すでに市場に織り込まれている」とよくいわれる。たとえば、企業収益が減益になる可能性が高いとして、だから株価は下がる、と主張しても、減益になるだろうとほとんどの人がすでに予想していれば、「減益になるということは、すでに市場に織り込まれている、つまり、投資家のほとんどが、減益がわかっていて株式の売買を行い、いまの株価が形成されているのだから、実際に企業収益が減ったところで、もう株価は下がらない」といって反論される。

そのため、灰色のサイと考えられるリスク要因は、投資家や専門家は軽視し、見向きもしない。ところが、サイもひとたび暴れるとおそろしい。すなわち、軽視していた要因が意外に市場を荒らすことがある、というわけだ。

## 灰色のサイを軽視していた、「コロナ前」

では、2020年３月に至る株価下落を引き起こした、２匹の灰色のサイとは、具体的に何だったかといえば、筆者は、

1）　米国株価が企業収益と比べてきわめて割高になっていたことと、

2）　日本の景気や企業収益が以前より悪化しており、日本の株価が下落していてもおかしくなかったところ、米国株価の上

昇につり上げられて上がっていた

ことの、２つだったと考えている。

ところが2020年２月初め辺りまでは、「米国株が割高だ、などということは、みんなわかっている」「日本の経済や企業収益が冴えないことは、みんな知っている」といった、「そんなわかりきった灰色のサイで、株価が下がるはずがない」という慢心が、投資家を支配していたと解釈している。ところが灰色のサイを軽視していた投資家の姿勢が誤っていた結果、日米の株価が２月まで正当化できない高さに上昇し、とうとうその無理が露呈して、３月にかけて世界的な株安になったのだろう。やや誇張した言い方をすれば、「新型コロナウイルスが流行してもしなくても、日米等の株価は大幅に下落したはずだ」と信じている。

では、なぜ３月の安値以降の株価が持ち直したかといえば、２匹の灰色のサイが解消された、つまり米国株価の割高さが株価下落でいったん消えうせ、米国株価につり上げられていた日本株も並行して十分に下がったからだ、と考える。だから、まだブラックスワンの影響が残っていても、灰色のサイが思う存分暴れ終わったので、株価が戻ったのだ。

ちなみに、当初2020年２月初めまで、灰色のサイが特に米国市場で無視されていた背景として、多くの投資家が「トランプ政権は株価を上げたい政権だから、株価は上昇して当たり前」「米連銀が金余りにしているから、株価は上がり続けるのだ」と唱えていたことがあげられる。この２点は根拠の薄い、危うい説だったと筆者は考えるが、こうした諸説は他の怪しい諸説との共通点が多いため、第３章で詳しくまとめて解説する。

## 株価の割高、割安は、どうやって判断するのか

まず、１匹目の灰色のサイ、米国の株価がきわめて割高になっており、だからこそその後に株価が大きく下落した、という点を述べたい。

ただ、その点を解説するより前に、そもそも株価が割高だ、割安だ、というのは、何を根拠に判断するのか、という考え方が重要だと信じるので、そこから語っていこう。

しばしば、株価が上がり続けると「こんなに上がってしまっては割高だ」、逆に株価の下落が続くと「もう割安だ」などと語る市場参加者がいる。あるいは、2020年７月初めに、米国の電気自動車メーカーであるテスラの時価総額が、トヨタの時価総額を一時抜いた、ということが話題となった[15]。時価総額とは、企業の発行済株式数と株価をかけたものだ。企業が発行した株式を金額で測ったもの、ともいえるし、市場におけるその企業の株式全体の価値、ともいえる。その時価総額の逆転自体は事実であるが、一部の識者の間では「テスラは新興企業にすぎず、トヨタの時価総額を抜くとは行き過ぎではないか、株価は高過ぎる」との声もあったようだ。

---

15　2020年７月１日付日本経済新聞電子版「テスラ時価総額22兆円、トヨタ超え自動車首位に」https://www.nikkei.com/article/DGXMZO61052180R00C20A7I00000/

しかし、株価が上がり続けたとしても、上がり続けて当然、という理由があれば、株価が割高とはいえないだろう。またテスラとトヨタの時価総額についても同様で、テスラがトヨタを上回る企業になりつつある、ということなら、特にテスラの株価が割高ともいえない[16]。

すると、単に株価が上がったとか水準が高い、ということだけでは割高とは主張できまい。そうではなく、その株式の本来の価値（実態価値）の向上という裏付けを欠いて、実態価値が低いのに株価ばかりが高ければ、割高と解釈すべきだろう。

## 株式の実態価値とは何か

では、株式の実態価値とは、いったい何なのだろう。そもそも株価とは、株式の価格だ。価格が存在し、ゼロではない、ということは、株式になんらかの価値がある、ということになる。

なぜ株式には価値があるのだろうか。多くの説はあるが、主に次の3つの側面から議論されることが通常だ。そもそも企業は株主のものである。つまり、株主の集合体が、企業を保有している。株式（株券）とは、企業を保有していることの証明書だ。そこで、企業は株主のものであるから、1)企業が過去、現在、将来にわたって稼ぐ利益は、株主のものだ。2)また、企業

16　筆者は、テスラがトヨタを上回る企業になりつつある、と主張しているわけではない。単に株価や時価総額の動きだけでは、そうだともそうでないともいえない、と考えているだけだ。

が保有する資産も、株主のものだ。3)加えて、企業は株主のものであるから、企業の経営については、株主に決定権がある(ただし、日常の経営判断を、そのつど株主全員が話し合って決めるなどは不合理なので、株主総会で取締役を選任し、通常は取締役に判断を任せている)。この3点が、企業保有を証する「電子紙切れ」である株券について、価値の裏付けとなっているわけだ。

この3点に基づき、株式は1)利潤証券、2)資産証券、ならびに3)支配証券である、ともいわれる。

3)の支配証券といった観点から、株式の実態価値を計量的に示そう、と試みた論文などはあるが、きわめてむずかしく、通常この面に基づいた株価の割高・割安の試算は行われない。2)の観点に基づいた株価判断は、後で述べる。

## 利潤証券としての株式価値を考えるPER

そこでしばらく、1)の利潤証券という側面をふまえて、株価の割高や割安を論じていきたい。企業の利益は株主のものであるから、利益の多少と株価の高安を比べれば、割高か割安かを判断できるだろう。そこで、株価を利益で割った比率を用いる、というのは、自然な考えだ。この比率が高ければ、利益が少ししかない企業の株価が高い、ということになり株価は割高と判断され、逆に比率が低ければ、利益が多い企業の株価が低くなっていることから株価は割安だと考えられる。

ここで、「利益は株主のもの」といったところで、それはお題目にすぎず、実際に毎年の利益を株主が全部もらえるわけではない、という考え方もあろう。それは事実だが、企業が配当を支払っている分は、株主が受け取ることができる。配当に充てなかった分は、将来の業容拡大のための投資などに使われ、それによって企業が一段と利益を増やせば、先行き配当がもっと増えるかもしれない。また配当した残りの利益を企業が資産として積み立てていけば、仮に企業が営業をやめ、解散する際には、積み立てた利益が株主に分配される。したがって、毎年企業があげていく利益の総体が、最終的になんらかのかたちで株主に還元される、と考えてよいだろう。

そこで、株価を利益で割った比率を、PER（Price Earnings Ratio、株価収益率）と呼ぶ。ただ、実際の株価は一株当り何円、というかたちで示される。一方利益は○○億円、といったような額であるため、そのまま割り算するのは不適当だ。このため、利益も一株当りとする。それをEPS（Earnings Per Share、一株当り利益）（＝利益額÷発行済株式数）と呼び、

PER＝（一株当り）株価÷EPS

で計算する。割り算している分子、分母に、それぞれ発行済株式数をかけてもPERは変わらないので、

PER＝時価総額÷利益額

でもある。

なお、ここで「利益額」といっても、何の利益で計算するのか、という点も重要だ。さまざまな利益額で株価を割る比率が存在するが、通常PERでは、種々の費用や税金を支払った後

（ただし配当などを支払う前）の、税引後当期利益（最終利益）を用いる。

また、利益は、ある決算期の利益額を使う。そこで、どの期の利益額を使うのかで、PERの数値も変わってくる。最も使われるのは、最新の決算期の実績の利益か、次に来る決算期の予想の利益かの、２つが多い（他の決算期の利益で、PERを算出してはいけないわけではない）。前者を実績PER、後者を予想PERと呼ぶことが多い。誤解なく議論するためには、どういう定義で算出されているPERで語っているのかを、明示すべきだ。

たとえば３月本決算企業を考えると、いまが2020年７月だとすれば、2020年３月決算期の利益の数値はすでに発表されており、それが最新の実績利益であるため、実績PERは2020年３月期の利益額を使う。予想PERの場合は、2021年3月決算期の予想利益を用いる。

もし予想PERを計算するとすれば、その「予想利益」とは、だれが予想したものかも、重要だ。日本株の場合、日本の大手証券会社の調査部門は、自社のアナリストが作成した予想値を使っている。あるいは、QUICK、ブルームバーグ、I/B/E/S、ファクトセットなどの投資情報関連企業は、各社のアナリストの予想値を集計し、その平均値を提供していることもある。

さて、株価の割高・割安を判断する場合に、実績PERと予想PERのどちらを使うべきなのだろうか。実績PERは、すでに公表された利益の実績値を用いているため、過去にさかのぼって会計書類が修正されない限りは、変わらない。そのため、だれが実績PERを計算しても同じで、紛れはない。一方予想PERは、あくまでも利益が予想値であるため、予想する人によって数値が違うし、将来予想を上方や下方に修正することもありうる。現時点の予想PERで株価の割高や割安を論じても、それはすぐに変わってしまうかもしれず、不確かなことも多い（そうした不確かさから、「予想するのはよそう」といわれる）。

ただ、株式投資は、過去の企業の利益が多かったか少なかったかではなく、これから将来、その企業の利益が増えていくか減っていくかを先回りして考え、そうした先読みに基づいて行われている。したがって本来は、予想PERを用いて割高・割安の判断をくだすべきだろうと考える。

## PERの適正水準とは？

では、肝心の、PERの適正水準とは、具体的にいったい何倍なのだろうか。

数理モデルで、それを求めよう、との試みも多くある。1つは、DDM（Dividend Discount Model、配当割引モデル）を応用したものだ。それをきちんと述べていると、ますます本題から話がそれてしまうので、興味のある方は調べていただきたい。ただ、DDMの場合、ある種の前提を置いて適正水準を求めることになるが、その前提となる数値を少し変えると適正水準がきわめて大きく変わってしまうため、理論としてはよいが、実務で使うにはむずかしい。

そこで実務的には、ある株式のPERを、ある程度の長い期間グラフなどに描いてみて、何倍と何倍の間で動く習性がある、などといった過去の動きから、適正水準を探るやり方がある。

たとえば、ある株式のPERが、最近の5年間、おおむね15倍と25倍の間でずっと動いているのであれば、15倍を下回ると割安、25倍を超えると割高と判断する、というかたちだ。

この場合留意しなければいけないのは、そうした過去の推移を使って判断する場合、過去と現在あるいは将来とで、その企業の「体質」が大きくは変わっていない、という前提が必要な点だ。

そうではなく、画期的な製品やサービスを生み出したことで、その企業の利益の成長性が著しく高まってしまった、あるいは逆に業容が著しく悪化し、過去のように立ち直る見込みが立たない、という場合は、その企業の先行きのPERは、過去に推移した水準とはまったく違った動きになると見込まれる。そうした大きな変貌が企業に生じた場合は、こうした過去の推移からPERの適正水準を推察する、というやり方は使えなくなる。

## 明らかに割高だった米国の株価

さて、長らくお待たせしてしまったが、本題である1匹目の灰色のサイ、つまり米国株価が2020年2月初め頃まで、きわめて割高だった、という点を述べたい。

ここでは、一つひとつの株式についてではなく、米国株式市場全体について、予想PERを使って割高だったかどうかを論じ

よう。前述のPERの算式、すなわち、

PER＝株価÷EPS＝時価総額÷利益額

は、個別の株式についての算式だった。これに対し、図表２－３では、S&P500という株価指数に基づく、米国株式市場全般のPERを図示している。S&P500は、米国の500銘柄を取り上げ、それらの株価全体の値動きを示したものだ。そこで500銘柄全体のPERを計算すれば、市場全般の割高や割安を判断することができるだろう。

こうした市場全体（厳密には、市場全体の値動きを示す株価指数）のPERの計算方法もいくつかあるが、通常は、

PER＝時価総額÷利益額

を応用する。まずS&P500に採用されている500銘柄の時価総額

図表２－３　S&P500指数のPER（週平均、12カ月先予想ベース）

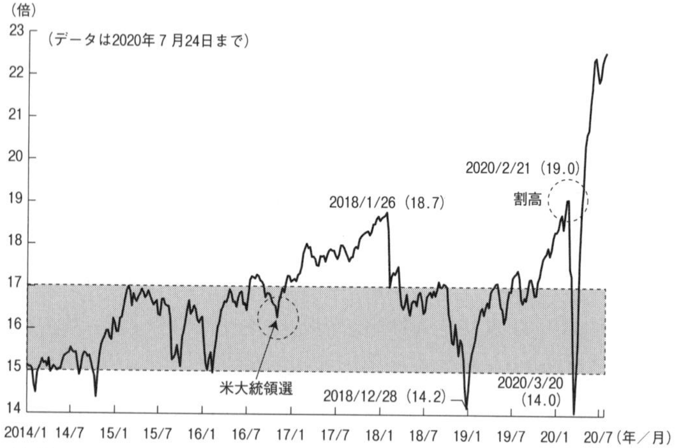


（出典）　FactSetよりBdフルーレット作成

を集めて合計し、一方で利益額も合計する。合計した「後で」比率を求める。すなわち、

S&P500のPER＝500銘柄の時価総額合計÷500銘柄の利益額合計

として求める。

なお、図表２－３のPERは、予想利益ベースで、利益の予想値はファクトセットが集計した、アナリスト予想の平均値だ。予想期間は、直近の決算期のものではなく、先行き12カ月ベースを用いている。これは、PERを計算している日の翌月初日から12カ月間の利益で、１年間の利益予想値を月数で案分して合計する。たとえば、12月本決算企業の場合、2020年７月のどこかの日の時点のEPSは、2020年８月～2021年７月の１年間が対象期間で、2020年12月期の利益の12分の５（2020年８月～12月分として）と、2021年12月期の利益の12分の７（2021年１月～７月分として）を、合算している。

そうした詳細はさておき、S&P500の予想PERの推移をみると、コロナ禍が進み企業収益の見通しが大幅に下方修正された最近の状況（グラフの右端）では、予想PERが極端に上振れしている。そうした上振れについては、日本株とあわせて、後で解説するが、一種の「異常事態」だと考え、ここではいったん無視してほしい。

それより前の期間をみると、このグラフで示した範囲では、予想PERはおおむね15倍と17倍の間で推移してきたと判断している。つまり、15倍を下回ると企業収益の予想値と比べて株価

は割安（売られ過ぎ）、17倍を超えると株価は割高（買われ過ぎ）だと考える。

割高さが嵩んだ局面は、まず、2018年１月に至るPERの上昇局面だった。この上昇の起点は、2016年11月の米大統領選挙だったと解釈できる。ここでドナルド・トランプ氏が大統領に当選した。彼は法人減税やインフラ投資など、景気刺激に積極的な大統領になると市場が期待したため、その期待が先行し過ぎて、企業業績の拡大より株価の上昇スピードが速過ぎたのだろう。そうした割高さが過剰となって、その後、株価下落によるPERの下降を引き起こした。

逆に2018年末から2019年初めにかけては、PERが15倍を割り込んで14倍近くに落ち込み、株価は割安（売られ過ぎ）となった。この株価下落の背景としては、米国の通商政策の強硬化があげられる。後で詳しく述べるが、2018年は、米国が海外諸国からの鉄鋼やアルミ製品の輸入に追加関税を課すと同年３月に表明したうえ、対中貿易面では、第一弾で500億ドル、第二弾として2,000億ドルの金額に相当する中国からの輸入に、追加関税をかけるとの方針を表明した（第一弾が2018年６月、第二弾が同年９月）。特に米中の通商面の対立が、両国の経済にマイナスに働くとの懸念が広がり、米国株価が下振れしたといえる。

その後、2020年２月にかけて、２度目の過度の割高さが、米国株式市場に広がった。予想PERは、前回2018年１月の18.7倍をわずかながらだが上回り、19.0倍に達した（すべて週平均値)。こうした割高さについて、当時の多くの市場参加者は、「予想PERでみて割高だ、ということは、だれもが知っている、そんな知れ渡っていること（灰色のサイ）で、株価が下がるはずなどない」と、予想PERが示している警告を軽視した。そして割高でも株価は下がらないということを正当化しようと、前に簡単に述べたように、トランプ政権の政策方針や米連銀の金融政策を持ち出した（繰り返しになるが、そうした正当化の怪しさは、第３章で詳述する)。

結局、そうした割高さの正当化が無理やりなものであり、その怪しさが露呈して、灰色のサイが暴れたことが、３月後半にかけての米株価の暴落の主因であったと考えている。つまり、新型コロナウイルスの流行というブラックスワンは、灰色のサイが暴れるきっかけにすぎず、株価暴落の本質はひとえに極度の株価の割高さという「１匹目の灰色のサイ」が引き起こしたものだと信じている。新型コロナウイルスの流行が起ころうと起こるまいと、米国株価が大幅に下落しただろう、と述べたのは、こうした考察に基づいている。

そうして灰色のサイが思う存分暴れた結果、2020年３月には、予想PERは14.0倍と、前回2018年末から2019年初めの局面と並ぶ、割安な水準に達した。そこで灰色のサイが「もう十分」と矛を収めた（サイが角を収めた）のだろう。すると、３月下旬以降、米国株価が上昇したのは、まったく何の不思議もない。

## 長期的には米国の「適正な」PER水準は変化してきた

ここで、また本論から話がそれる。新型コロナウイルスの流行の前後の日米等の株価市場を分析する、といった本線のほかに、そこから派生するさまざまな分析手法や観点などについても、本著では解説していきたい。コロナ前、コロナ後といった局面に限らず、今後も長く読者の方々に参考になる諸点をも提示したい、と欲張りなことを筆者は考えているからだ。そのため、これから先も頻繁に本論から話がさまざまに広がり、脱線を繰り返すと思うが、ご容赦くだされればと思う。

さて、前述のように、2014年以降、予想PERが15～17倍でおおむね推移してきた、というのは、長期的にみて過去も同様だったわけではない。たとえば2006年から2013年といった、リーマンショック（2008年秋）をはさんだ期間を眺めると、予想PERはざっくり11～15倍で動いていた。それが近年は、上方にシフトしているわけだ。

前述のように、個々の企業のPERの場合、その企業の「体質」が大きくは変わっていない、という前提を置けば、予想PERはある一定の範囲で上下すると考えられるが、逆に企業がよくも悪くも変質してしまうと、PERの居所も上方や下方に移ってしまう。同様に国全体、市場全体でも、経済や政治体制、全産業にわたる企業収益などの「体質」が変化すれば、PERの水準も変わりうる。

ここ数年間の米国のPER水準が、それ以前より高いことについては、さまざまな理由が考えられる。

第一には、近年は「相対的に」米国市場への投資の安心感が強かった。米国以外の先進諸国を見回すと、日本や欧州は、景気がぱっとせず、デフレないしディスインフレ気味の展開が続き、経済成長も抑制気味であった。加えて欧州では、英国のEU（欧州連合）離脱[17]をめぐる不安や、南欧諸国の政治情勢の混乱[18]など、経済以外の不安要因も多く表れた。また新興諸国については、もともと投資先として政治・経済等のリスクが高いことに加え、米中通商摩擦による中国経済の減速懸念や、一部主要新興国における実質経済成長率のマイナスへの転落（年間ベースでは、ブラジルが2015年および2016年、ロシアが2015年にマイナス成長）などから、投資家が積極的に投資を行う状況ではなかった。その結果として、消去法的に米国に資金が向かい、株価が押し上げられて、PERが高めに維持されたのだと考えられる。

---

17　英国のEU離脱は、Britain（英国）とExit（出口）をあわせた造語で、Brexitと呼ばれた。離脱の方針は2016年６月23日の国民投票で決定された。その結果、英国は2020年１月31日（英国時間）にEUを実際に離脱した。ただしその過程は平たんなものではなく、特に離脱後にEUと英国の関係をどう定めるかで交渉が難航し、「合意なき離脱」（英国がまったく欧州の国ではない、という扱いになり、EUとの貿易などでいっさいの優遇措置が廃止される）になるかどうかで、市場の不安を集めた。2020年10月現在でも、英国とEUの間の関係について、詳細をも含めた合意には達しておらず、2020年末の移行期間終了時に合意なき離脱に陥る可能性は、いまだに否定できていない。

18　たとえばイタリアの連立政権内で亀裂が生じ、2019年８月にコンテ首相が一時辞任を表明した、など。

第二に、特に株式投資という点では、米国にハイテク分野で投資対象として資金を集めた企業が多かった。そうした代表的な企業群は、企業名の頭文字をとって、FANG、MANTや、そうした企業名を組み替えたGAFAなど[19]と称され、投資家に人気を博した。そうした人気企業が多く存在する分、米国株価が全般に押し上げられてきた可能性がある。

第三に、米国全体として、近年経済面から注目されたことがある。それは、シェールオイル・シェールガス[20]の開発が進み、ついに米国が2014年以降、サウジアラビアを抜いて原油の生産で世界第一位になったことだ（ただし2016年だけは僅差で世界第二位だった）[21]。もともと穀物などの農業大国であり、IT・バイオなどの先端技術でも世界のトップクラスにある米国が、エネルギーでも世界一位になった、という変化は、やはり世界の投資資金を米国に引き寄せる要因となっただろう[22]。

第四に、世界全般の経済成長率が穏やかなものとなり、物価上昇率も抑制されているため、主要国の金融政策が緩和気味と

---

19 FANGはFacebook、Amazon.com、Netflix、Google（上場しているのは、その親会社のAlphabet）、MANTはMicrosoft、Apple、Nvidia、Teslaを指す。GAFAは書籍のタイトルの一部にもなり、FANG、MANTとダブるが、Google、Amazon.com、Facebook、Appleを意味する。

20 シェール（頁岩）層にある、原油や天然ガスを指す。詳しくは拙著『ゼロからわかる時事問題とマーケットの深い関係』（金融財政事情研究会）第1章3(4)。

21 世界各国の原油生産量は、BP “Statistical Review of World Energy 2020” による。

22 ただし、原油価格の低迷期には、経営難に苦しむ米国のシェール業者が増えることも事実だ。

なっている。そのため傾向的に資金が余剰傾向にある。そうした資金が債券に投資しようとしても、長短金利ともに金融緩和により以前に比べて低迷しており、十分な利回りが稼げない。したがって、消去法的に株式投資へ多めに資金配分することになる[23]。こうした株式市場への資金流入は、米国のみならず多くの諸国の株式市場にとって、株価とPERを押し上げる効果があるはずだが、債券と比べての消去法的な株式投資（積極的に株を買おうということではない投資）だとすると、投資先の安心感を求めることになるだろう。その点で、述べてきたような理由から、米国株が選好され、米国株のPERが押し上がる、ということはありそうだ。

第五は、近年の米国企業が、特に株価を押し上げるなどにより、株主に報いる経営を志向してきた点があげられる。こうした米国企業の姿勢は、「株主資本主義」と呼ばれることがあり、好悪両方の面でそう唱えられる。この点は、長期的な米国株のPER上昇に貢献したと推察される一方、2020年２月にかけての株高の行き過ぎをもたらした可能性がある。そのため、項をあらためて、次で詳しく述べたい。

---

23　だからといって、唸るほどの金余りになっており、その資金が株式市場に怒涛のようになだれこんで、バブルがくる、などと騒ぐのは、明らかに行き過ぎだ。そうした極端な論については、この節の最後と第３章で批判する。

## 株主資本主義とROE

企業にとってのステークホルダー（利害関係者）は、従業員、顧客、仕入先、広く一般社会（地域住民、当該企業が環境を変化させることに影響を受ける人々など）、行政など、さまざまだ。そのステークホルダー全般に目を配る、という経営姿勢が、世界的に近年注目されてきている[24]。一方で、ステークホルダーの１つである株主への貢献を重視する、という経営姿勢もある。特に米国では株主重視の傾向が強く、それが「株主資本主義」と、時として揶揄も含めて称されてきた。

株主に報いるには、直接的な金銭収入のかたちで、配当金の支払や、自社株の買戻しを行う、というやり方があげられる。ただ、株価を上げようとの経営方針を打ち出せば（必ずそううまく株価が上がるかどうかは別として）、それも株主に報いるかたちとなる。

将来、株価が上がるかどうかという考察において、企業の財務指標のなかで、ROE（Return on Equity、自己資本利益率）が注目されてきた。ROEの定義はすぐ後で述べるが、株価の適正価値（なぜ株式に株価という価格が存在しているのか）について解説したところで、株式は資産証券、つまり企業が保有する

---

24 ESG（Environment（環境）、Society（社会）、Governance（企業統治））投資や、SRI（Social Responsibility Investment、社会的責任投資）などは、そうした幅広いステークホルダーを重視する企業に投資を行う、という考え方の一種だ。

資産は株主のものであるため、その資産の価値を裏付けにして株式に価値がある、という考え方を紹介した。しかし、企業が保有しているすべての資産、すなわち総資産が、まるまる株主のものである、というわけではない。企業は通常、借入れを行っている。そうした借入れのなかには、銀行などから借入金というかたちで借り入れるものもあるし、企業が社債を発行して投資家に買ってもらい、その資金を借りる、という場合もある。いずれにせよ、借り入れた資金は返済しないといけない。金融機関等にそのまま返済するか、社債の保有者に償還というかたちで返すか、だ。

そうした返済が必要な借入金は、株主のものではない。そこで、総資産から負債（借入れ、Debt）を引いた残りの金額を、自己資本あるいは株主資本（Equity）と呼ぶ。

自己資本＝総資産（総資本）－負債

だ。さらにROEは、

ROE＝税引後利益÷自己資本

で算出される。この数値は、株主のものである（株主から委託された）資金を使って、どの程度効率的に利益をあげているかを示す。ROEが高いほど、株主から任された資金におおいに高利益で応えている、ということになるし、多額の利益は、その一部（あるいは全部）が配当で株主に直接還元されるか、残りは株主資本に積み上がっていくため、株価の上昇につながりやすい。

このように、理屈上高いROEが株価上昇をもたらすと考えられるから、企業経営がROEを重視するようになった、という面はあろう。ただ、それだけではなく、日本や米国を含めた世界の多くの投資家、特に機関投資家の間で、株式投資において銘柄を選別するうえで、ROEを重要な数値だとみなす傾向が強まったこと[25]も、投資家から企業経営への要望として有形無形に作用し、企業がROEの引き上げに向かったものと推察している。

## どのようにROEを高めていくか、Rを高めていくのが「王道」

そこで、企業経営は、どうやって自社のROEを高めていくことになるのだろうか。

筆者はROE向上の「王道」は、R、すなわち利益を増やしていくことだと考える。いちばん好ましいのは、創意工夫をし、多くの顧客が高いお金を払っても買いたい、という製品やサービスを生み出して、顧客に喜ばれながら利益をあげていくかたちだ。これは、付加価値の創造といえる。

とはいうものの、世の中はそんな綺麗事ばかりではないので、他社とおおむね同様の製品やサービスを販売しながら、広

25　たとえば日本においては、アンケート調査で「経営目標として重視すべき指標」を投資家に尋ねたところ、ROEをあげた回答が85.1％（複数回答）を占めトップで、第２位のROIC（Return on Invested Capital、投下資本利益率）の42.6％を引き離している（生命保険協会「生命保険会社の資産運用を通じた「株式市場の活性化」と「持続可能な社会の実現」に向けた取組について」、2020年４月17日）。https://www.seiho.or.jp/info/news/2020/pdf/20200417_4-all.pdf

告宣伝で飾ったイメージを売り込み、それで利益をあげる、というやり方も、もちろん「あり」だろう。イメージ込みの販売価格で商品やサービスを売るビジネス、というのは、決して悪いことではない。たとえばブランドによる安心感は、ブランドだけが宙に浮いており、商品やサービスの品質が伴わなければまやかしだが、きちんとした品質などの裏付けがあれば、それも堂々とした付加価値だ。

そうした価値創造というやり方に対して、「冗費」を削り、業務を効率化して、売上げが増えなくとも利益を拡大する、という手段もある。ただ、目先のコストカットばかりに気をとられると、しばしば従業員に負担をかけてしまい、大事な人材が疲弊したり給与面に不満を抱いたりして去っていく、という元も子もない道に進むおそれもある。その結果、立ちいかなくなった企業も多くある。

自社で利益率が高い新事業を行うことを目指して、研究開発や市場調査に資金を投じる企業もある。自社でそうした事業を創造するのではなく、有望な製品やサービスをすでに提供している、あるいは今後提供する可能性が高い、他企業を買収する、というやり方もある。逆に、自社の不採算事業を切り捨てる（廃業する、あるいは他社に売却する）ことで、利益率の高い事業に集中するやり方もあるだろう。いわゆる「選択と集中」だ。

このように、積極的かつ前向きに、売上げを増加させたり利益を増やしたりする、という攻撃的な経営という点では、総じては（一部の企業を除いては）日本企業に対して、批判的な論調がよく唱えられてきた。手元に現金をためこんで抱えるばかりで、企業買収などに積極的ではない、といったものだ。つまり、株主から任された資金を、効率的に利益拡大に使えていない、という指摘だったといえる。

なお、企業自身が新しい事業やサービスを生み出すことがむずかしく、コスト削減も無理で、他に買収対象になりそうな有望な企業が存在しない、ということもありうる。すると、企業が効率的に株主から預かった資金を有効に活用できない、という事態になってしまう。この場合、株主にとっては、利益をあげる能力がない企業が株主資本を抱えてしまうよりは、配当や自社株買戻しで株主に返してくれたほうがましだ、となる。

こうした観点に基づけば、増配や活発な自社株買戻しを、増やせば増やすほどよいと無条件に称賛するのは、誤りかもしれない。というのは、そうした企業は「うちの会社は利益を十分な速度で増やし続ける能力がありません」と語っているとも考えられ、とすれば利益成長による株価の上昇は期待しがたいかもしれないからだ。

それでは、増配や自社株買戻しを進める企業がよいのか、それとも進めない企業がよいのか、という点については、「企業による」と考えるのが正解だろう。手元の資金をさまざまな事業などに積極的に投じることで、おおいにビジネスを拡大するチャンスがある企業は、やたらに増配するよりは、増配分の資金を使って成長してくれるほうがよい。そうした成長の機会が少ない、成熟化した企業は、手元に余剰資金を抱えずに配当してもらったほうがよいだろう。

決して成熟化した企業がだめな企業だ、というつもりはない。多額の利益を安定して稼ぎ続け、その利益の多くの部分を厚めに配当することで株主に報いる、という企業は、素晴らしい企業だといえる。そうした企業の株価はあまり上がらないかもしれないが、毎期の配当で、株主は収益を得ることができる。

## 「E」をいじるのは「邪道」では？

さて、ROEを高めるにはRを増やすのが王道だ、と述べた。しかしROEを高める方法として、Eに手をつける（減らす）かたちも理屈としてありうる。

そのうち後述のやり方よりも穏やかなものは、Eの金額自体は減らさないが、借入れを中心として業容を拡大する、というかたちだ。たとえば借入金がまったくなく、資本はすべて株主資本という企業を考えてみよう。その総金額を、仮に100とする。その100の資金を使って、ビジネスを営み、5の利益をあげているとしよう。この場合、ROEは、5％となる。この企業が、まったく同じビジネスで、業容を2倍にするとしよう。その拡大は、すべてを借入れによって行うとする。借入れによって、まったく同じ会社をもう1つつくるようなイメージだ。そして業容を拡大した部分についても、以前からのビジネスとまったく同額の利益をあげられるとする（現実には、しばしばそうはいかないのだが)。すると利益は２倍の10になるが、株主資本は100で変わらないので、ROEは２倍の10%となる。

さらに踏み込んで、Ｅを減らしてしまう、ということになったらどうだろうか。同じ最初の例（株主資本が100、利益が５）で、自社株買戻しを行い、50の金額を買戻資金として株主に返し、株主資本を50に減らす一方、同額を借り入れて、総資本（株主資本＋負債）を100で維持するとする。これは、結局50の資金を借りてそれを株主に渡しているだけなので（借入れの金利コストなどを無視すれば）利益は５で変わらない。するとROEは、５÷50で、10%に上昇する。

こうしたやり方は、人によって異なる意見はあろうが、そもそも株主から預かった資金を効率的に使っておおいに利益をあげ、ROEを高める、という本来の趣旨（単に筆者が「それこそが本来の趣旨だ」と勝手に考えているだけだが）から外れ、ROEの数値を表面上押し上げるといった財務上のテクニックに走り過ぎているように考える。

## 米国の株主資本主義の光と影

実は、米国企業の多くが、ROEを上昇させるうえで、Ｅを減らすことにかなり注力した側面があった。そうした米国企業の姿勢を、「積極的なROE向上策」「株主に報い、株価を上げようと努力している」などと前向きに持ち上げる向きも多く、そのように評価した投資家の米国株式の買いが、2020年２月までの米国株価の押し上げと、結果としての米国株式市場の高

PERを生じさせた可能性があったと考える。

しかしそうした米国における株主資本主義の「光」、米国企業のＥを減らすとの資本政策とそれを好感した株式市場は、盤石だったのだろうか。

総資産に対する負債の比率が高い（株主資本の比率が低い）状況は、たとえば経済環境の変化で金利が跳ね上がると、支払金利の多さが経営の負担になりかねない。あるいは、一般論として負債が巨額な企業は、負債を返済しきれず破綻するおそれが、そうでない企業より高いので、借入時に高めの金利を要求される傾向にある。さらには、社債を発行する場合に、格付会社から高めの格付を得にくく、やはり社債の支払金利が高くなることが通常だ。

この点で、米国企業の借入れによるROE引上げ策は、以前から脆弱さをはらんでいたのではなかったか[26]。こうした米企業の財務戦略を「光」だとはやし過ぎて、株価が維持不能な割高さに押し上げられたことの無理が露呈したことが、2020年３月後半にかけての株価下落の一因だった、という解釈が可能だと考える。つまり、Ｅの減少という小手先のテクニックでROEを持ち上げる、という企業の行動を、過度に米国株式市

---

26　米株価の2020年３月にかけての暴落の前から、警戒的な議論もあった。たとえば2020年２月13日付の日本経済新聞電子版「米企業、株主還元で債務超過　スタバなど24社計７兆円」では、借入れを増やすと同時に自社株買戻しで株主資本を減らした結果、債務の額が総資産額を超えてしまっている（総資産をすべて売り払い現金化しても、債務を返しきれない）米国企業が増えていることが、警戒的に紹介されている。https://www.nikkei.com/article/DGXMZO55605220T10C20A2EA2000/

場が評価したことも、灰色のサイが暴れることに力を貸したといえる。特にコロナ禍で売上収入が激減したため、企業の資金繰りが不安視される事態になったことが、借入れに頼る企業体質の「影」の側面に注目を集めるきっかけになった、ともいえるだろう。

そうした米企業の財務について、データで確認したい。家計の借入動向との比較で眺めると、企業の負債増の異常さがわかりやすい。そこでまず、家計が抱える債務残高の金額を経済規模を示す名目GDPで割った比率を、みてみよう（図表２－４）。家計の債務の比率（左目盛で示している）は、近年のピークでは100％近くに達した。この背景には、リーマンショック前の住宅バブルで、住宅ローンを筆頭とした個人向けローンが拡大したことがあげられる。借り手はさらに住宅価格が値上がりすると見込んで購入を進め、貸し手は住宅ローンの拡大で利益をあげられると目論んだ。この時期はサブプライムローンと呼ばれる、借り手の信用度が危うい（返せなくなるリスクが高い）ローンが伸びたが、金融機関からみれば、住宅を担保に押さえれば「住宅価格が下落しない限り」貸倒れ損失を抑制することができる。加えて、サブプライムローンは通常のローンより金利を高く設定できるため、銀行は貸付にまい進した。

こうした住宅バブルを背景とした貸出増が、バブル崩壊で一気に逆回転に入った。借り手、貸し手の双方が、財務を立て直す必要が生じ、個人は借入れを返済して家計の防衛に回り、金融機関は貸出の回収を進めた。

図表２－４　家計と企業の債務残高（対名目GDP比率）

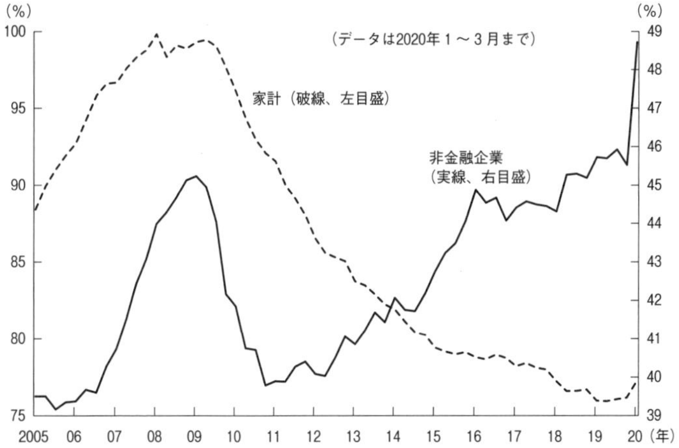


（出典）　米連銀データなどよりBdフルーレット作成

そうした住宅バブルの崩壊が一巡しても、家計債務の対GDP比率は低下傾向がずっと続いている（実は、家計の債務の金額自体は増えてはいるが、GDPで測った経済規模の拡大速度を下回る増加にとどまっている）。これは、やはりリーマンショック時の反省が、借り手と貸し手の両方にあるのだろう。家計は当時の体験から、過度の借入れに頼ることを自らに戒め、銀行は不良債権に苦しんだため、融資の際に借り手の審査を住宅バブル当時よりは厳しくしているものと推察される。

一方、企業債務の対名目GDP比率[27]については（図表２－４）、やはりリーマンショックに向けて上昇し、それを過ぎて

27　ここでは、非金融企業についてのもの。金融機関（銀行、証券、保険など）が除かれており、一方で非上場企業が含まれている。

低下した。しかし企業の場合は、2011年辺りで比率が底を打ち、その後は上昇傾向を続けてきている。こうした企業の債務の増加の背景には、述べてきたような、ROE向上のため借入れを増やしている、という要因が大きいと考える。

以上、債務残高のデータから米国企業の債務の状況を眺めたが、次にフロー（資金の流れ）のデータでも確認してみよう（図表2－5）。各四半期（3カ月ごと）の債務の増減額を、実線で示している。ここでの債務は、金融機関などからの借入れと社債発行の合計額だ。このグラフがプラスの時は、企業が借入れを行ったり社債を発行したりして取り入れる金額が大きく、マイナスの時は、借入れの返済や社債の償還・利払いのほうが額が多いことを表している。リーマンショック直後の局面では、

**図表2－5　米国企業の借入れと自社株買いの動向**

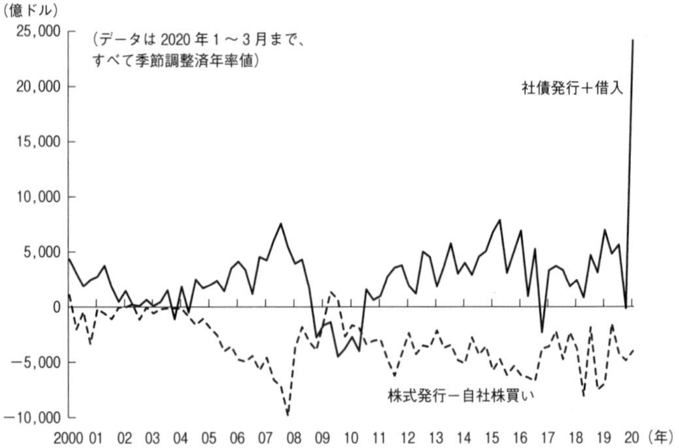


（出典）　米連銀データよりBdフルーレット作成

企業が返済などを進めて債務を圧縮した（実線のグラフがマイナスの領域に入った）ことが示されているが、その後は借入れなどにより資金を調達し続けてきたことがわかる。

一方、グラフの破線は、企業が株式を発行して投資家から受け取った金額と、自社株買戻しを行って投資家に渡した金額の、差を示している。これがずっとマイナス圏を動いてきたということは、自社株買戻しの金額が多かったことが示されている。負債の動向とあわせて考えると、米企業が借入れを増やして自社株を買戻し続けた、との傾向にあったことが、裏付けられているといえる。

以上のように、米国の株主資本主義が行き過ぎて、企業が借入れを過度に増やすようなかたちで、ROE引上げにまい進し過ぎた、と述べた。こうした株主資本主義の「影」について述べると、あたかも企業ばかりが悪いかのように思う方がおられるかもしれない。しかし、企業だけが悪いとも言い切れまい。ROEが上昇する企業の株式に投資するのが有望だとして、ROEを有効な投資判断の尺度として株式の買いを進めてきた投資家や、そうした風潮をもてはやした専門家やマスコミも、「影」を膨らませるのに手を貸した部分はなかっただろうか。決してROEを重視すること自体を責めているわけではない。表面的なROEの数値をみるだけではなく、どういった経営思想を基に具体的にどういう手法でROEを向上させた企業なのかといった、より深い部分に根差した考察が、もっと投資家や専門家に求められていたのではなかったか。

## 社債市場の状況も、米企業の債務増に働いた

さて、家計債務の対GDP比率が、最近でも低下傾向にあることについて、資金の貸し手である金融機関の間に、リーマンショック時の反省があり、審査を厳しくしているためではないか、と述べた。とすると、企業がどんどん借入れを増やしていることについて、「銀行は企業向け貸付については、リーマンショック時の反省はなかったのか」と怪訝に感じる読者の方もおられるかもしれない。

ただ、企業の場合は、借入れだけではなく、前項でみたように、社債の発行によっても投資家から借入れができる。その社債市場においても、株式市場と同様にやはり投資家の姿勢が過熱しており、企業側からみれば、投資家の強い社債買入需要に乗じて、低い金利を提示しても社債を売りやすい状況にあった。

そうした社債市場の過熱をもたらしたものとしては、主に2つの要因があったと考える。1つ目は、近年の米国株式市場の高PERをもたらした要因として述べたものと同じであるが、金融環境が供給資金量の面で緩和気味であったことだ。余剰資金は、株式市場だけではなく、債券市場にも流れ込んだと推察される。

もう1つは、利回りの面から、投資家が社債の購入を拡大したことだ。短期金利は、以前から米国では連銀が政策金利を（米国にしては）低めに抑えていたし、経済成長率の鈍化や物価

**図表2－6　米国の長短国債利回りの長期推移**

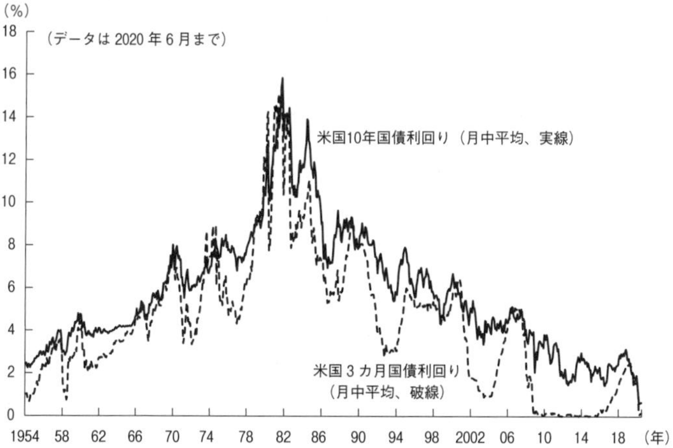


（出典）　FactSetよりBdフルーレット作成

の落ち着きなどを反映して、長期国債利回りも（米国にしては）低めにあった（米国の長短国債利回りの推移は、図表2－6）。すると債券で資金を運用する投資家にとっては、リスクの低さを重視して米国国債だけに投資していると、十分な利回りが稼げない、という事態になる。

そこで債券を中心として資金運用を行う投資家は、国債から社債に投資の比重を移していった。社債は発行企業の破綻などにより、満額は償還されないなど損失を被る可能性が国債より高いので、その分高めの利回りを提示しないと投資家に買ってもらえない。そのため、社債利回りは国債利回りより高くなる。こうして投資家は、運用収益の確保のため、社債投資のリスクをとることになった。

とはいっても、いきなり危ない企業の社債を買うわけにはいかない。社債投資のリスクを判断するうえで参考になるのは、格付会社が付している格付だ。最も格付が高いのはAAA格[28]で、これまで社債投資を行っていなかった投資家であれば、まずAAA格の銘柄から検討するだろう。

ただ、格付が最も高い、つまりおおむね発行企業の財務が良好だ、ということになると、国債との利回りの差があまり大きくない。そこでAAA格債では十分な運用収益が稼げないとすると、少しリスクをとって、次のAA格[29]を検討する。AA格でも十分でなければ、さらにA格債を検討する。このように、より高い利回りを求めて、徐々に格付が低い債券まで投資対象を拡大していくことを、イールドハンティング（Yield Hunting、利回りの狩り）と呼ぶ。

## 一時過熱していたイールドハンティングが、とうとう崩壊

格付に基づき、AAA格からBBB格まで（AAA、AA、A、BBB）の債券を、投資適格債と呼ぶ。別にBBB格までは投資に適しており、BB格以下は適していない、というわけではないが、特に年金や大学の基金など、公共性が高い資金の場合、運

---

28　以降の格付の事例は、S&P社のものによる。たとえばムーディーズ社の場合、格付の記号が異なる（Baaなど）。ただし、趣旨はおおむね同じだ。

29　実際には、細かくAA＋、AA、AA－と分かれている。

図表2－7　BBB債と米国債の利回り格差

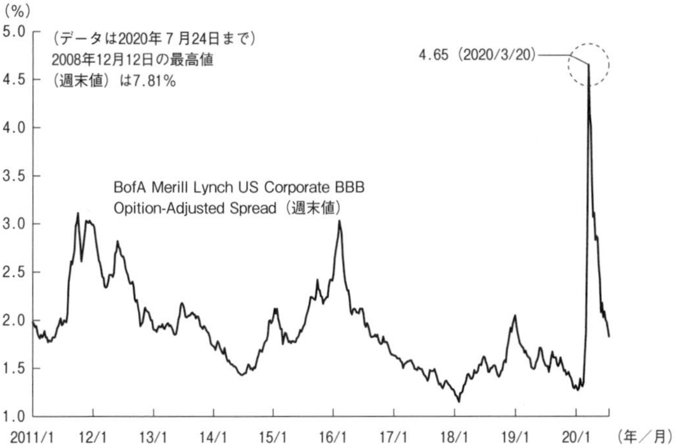


(出典)　FactSetよりBdフルーレット作成

用についての自己のルールを定め、債券の投資対象は投資適格債に限る、と決めているところが多い。

その投資適格債の範囲内で、最も格付が低い（その分、傾向的に利回りが高い）BBB格債の平均利回りと、米国国債の利回りの、差をみてみよう（図表2－7）。このグラフが下に向かえば、相対的にBBB格債の利回りが低下している（価格が上昇している）ことになる[30]。すると、2020年初め頃は、2018年初め

---

30　債券は価格が上昇すると利回りが低下する（価格が下落すれば利回りが上昇する）。たとえば、100円の価格の1年満期の債券を保有すると、1年後に元金の100円が償還され、加えて利金の10円が受け取れるとする。この場合の利回りは10％だ。この債券価格が瞬時に99円に下落すれば、99円になってからその債券を購入した投資家にとっては、1年後に100円との償還額との差の1円と、利金の10円が収益となる。この場合、利回りは（1＋10）÷99×100＝11.1％に上昇したかたちとなる。

図表2－8　ジャンク債と米国債の利回り格差

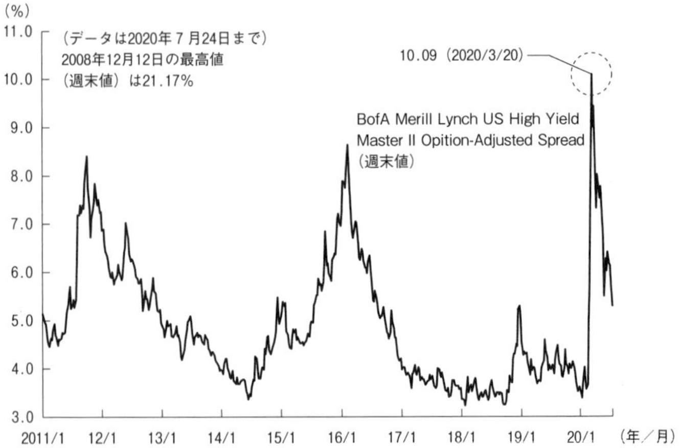


(出典)　FactSetよりBdフルーレット作成

と並んで、グラフがかなり下に位置していた。つまり、BBB格債の価格が高めにあったといえる。

次に、投資適格債ではない債券、つまりBB格以下の債券の利回りと、米国国債の利回りとの差をみてみよう（図表2－8）。こうした投資適格債ではない債券のことを、ジャンク債（「ジャンク」は、がらくたの意味）と呼ぶ。こちらも同様に、2020年初め頃は、利回りの格差が小さくなっている。つまり、資金余剰とイールドハンティングにより、投資家がジャンク債にまで手を伸ばしていたことが示されている。

このように、ジャンク債にまで投資家の買いが広がった背景として、投資家の間に、「どうも景気もよさそうだし、企業収益も増益が続きそうで、企業の財務内容は大丈夫だろう、株価が上がっていることはその表れだ、とすれば、ジャンク債とはいえ、発行企業が破綻して社債の償還や利払いに支障が生じる、などといったおそれはないだろう」といった、イールドハンティングの正当化が行われていたのではないだろうか。これは、企業の財務リスクに対する投資家の慢心だったともいえる。このように米国では、2020年の滑り出しは、株価も社債価格も買われ過ぎの高値にあった、と解釈できる。

そうした買われ過ぎが破綻して、３月後半にかけて、株価と社債価格の急落（社債利回りの急上昇）が生じたのだろう。図表２－７および図表２－８に戻ると、米国国債との利回り格差は３月後半にかけて急上昇した（ただし格差の広がり度合いは、各図表の左上の数値に示しているように、リーマンショック直後ほどではなかった）。

やはり新型コロナウイルスの流行というブラックスワンが、株価と社債価格の急落を引き起こした本質だったのではなく、その前の株式および社債市場における投資家の慢心が、真の要因であったと考えるべきだろう。

## 米国経済は2019年に「製造業不況」に陥っていた

別の観点で、米国株価は割高だという、灰色のサイが、株式市場で暴れるに至った背景要因としては、すでに2019年から米国経済に悪化の影が忍び寄っていたにもかかわらず、投資家たちがそれを無視して株価を買い上げた、という面もあった。つまり、「米国経済はコロナ禍の前は絶好調で、コロナのせいだ

図表２－９　米国の鉱工業生産の推移（季節調整済値）

（出典）　米連銀よりBdフルーレット作成

けで不況に突入した」という見方は正しくなく、実際には2019年から不調の様相を示し始めていた、という事実に着目すべきだ。

そうした米国経済の不調は、製造業部門に表れていた。鉱工業生産の推移をみると（図表２－９）、近年のピークは実は2018年12月で、そこから2019年いっぱいは、弱含み横ばいにあった。2019年後半から2020年初めの米国株価の強さと比べて、鉱工業生産の頭打ちの状況は、軟調なものであった。

米国企業の景況感を測る指数で、ISM指数[31]といったものがある。この指数は製造業と非製造業のそれぞれについて算出されているが、2019年12月には当時の最低値をつけた（図表２－10、図中の右の丸印）。この水準は、2016年のチャイナショック

図表２－10　ISM指数の推移

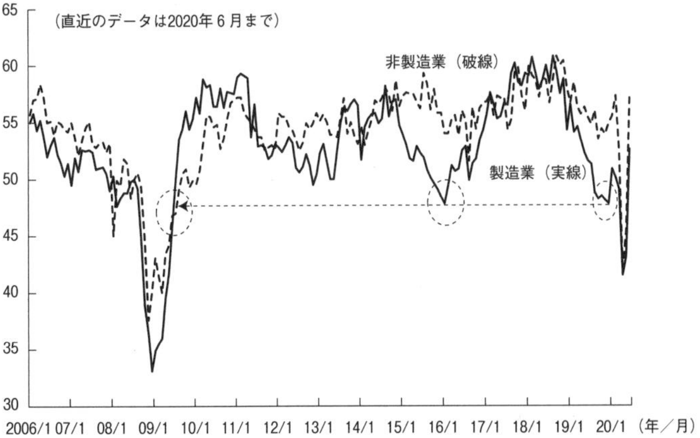


（出典）　ISMよりBdフルーレット作成

（中国経済が悪化しているとの懸念から、世界的に株安が生じた時期、中央の丸印）やリーマンショックからの戻りの水準（左の丸印）と符合する。その後、コロナ禍のため、企業の業況感は一段と悪化したが、すでにそれ以前の2019年末にかけて業況感

31　ISM指数は、ISM（Institute for Supply Management、サプライマネジメント協会、企業の購買調達担当者から構成される、非営利の団体）が算出する、企業の景況感を表す指数だ。ISMが、製造業ならびに非製造業の購買担当者にアンケート調査を行い、新規受注や自社の雇用の状況などの個別項目について、前月よりよくなったか悪くなったか変わらないかの３択で尋ねている。よくなったとの回答の割合に、変わらないという割合の半分を加え、悪くなったとの割合を引いて、個別項目についての指数を算出している。その後、それぞれの個別項目指数は加工されて１つの指数に集計され、ISM指数となる。理論的には、最も数値が高くて100、最も低くてゼロになるようにつくられている（実際にゼロや100になったことはない）。中間の50が、景気の拡大と縮小の分水嶺とされている。

の悪化が顕著になっていたわけだ。

実は、ISM指数の製造業から非製造業を引いた数値をみると、興味深い。なぜこの差に注目するかというと、製造業指数に比べて非製造業指数は、通常の経済環境においては、振れが相対的に小さいという傾向がある。なぜそうなるかというと、小売、外食、一般のサービス、医療サービスなどといった個人向けの非製造業は、景気変動に対してそれほど大きくは浮沈しないからだ。景気がよいからといって、家計が通常の2倍食事をするわけではなく、医者に多く診てもらうわけでもないからだ（ここでは、非製造業の景況感の浮沈が、製造業より小さい、ということをいっているだけであって、非製造業の景況感が変わらない、と主張しているわけではない）。そこで、製造業から非製造業の値を引くと、景気に陰りが広がると製造業指数が上から下に大きく落ち込んで差がマイナスとなる。逆に景気が改善し始めると、差がプラスに転じる、という仕掛けだ。

いや、単に指数が50より上か下かで好不況を判断すればいいのでは、と考える読者の方もおられるかもしれない。ただ、50より上か下かは、現在の景気の位置が、好況か不況か、ということを意味するだけだ。両方の指数とも50より上で、現時点では好況であっても、製造業が、非製造業を上から下に切ってきたのであれば、製造業指数がこれから一段と下振れする勢いが示唆されている可能性がある。差がプラスに転じる場合も、現時点の景気の水準ではなく、先行きの回復の兆しかもしれない。つまり両指数の差は、一種の先行指標だといえる。

### 図表２－11　ISM指数の製造業と非製造業の差の推移

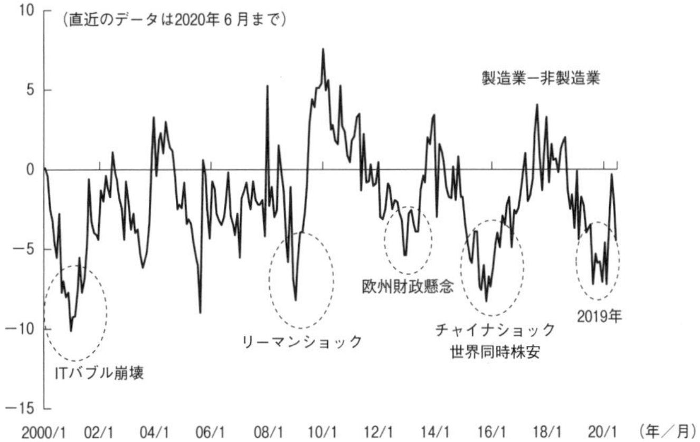


(出典)　ISMよりBdフルーレット作成

そこで製造業指数と非製造業指数の差をグラフに示す（図表２－11)。大きく落ち込んだ局面に丸印を付しているが、左からITバブル（2000年）崩壊後の2001年の不況、2008～2009年のリーマンショック、2012～2013年の欧州財政懸念、2016年初めのチャイナショックに、それぞれ符合する。そして2019年の落ち込みは、それらの代表的な不況ないし市場の混乱期に並ぶものだった。

なぜ米国の製造業の状況が、2019年にこれほど悪くなったのかの背景は、日本の同時期の製造業の不振と共通する部分があるため、次節でまとめて述べる。ただ、こうした米国内での製造業の業況悪化は、Manufacturing Recession（製造業不況）と呼ばれていた。そうした2019年の実態経済の動きにもかかわらず、米株価が上昇基調にあったことは、やはり不可解であり、その無理が露呈して2020年３月の株価下落を引き起こした、と考えるのが自然だ。やはりコロナ禍のせいばかりではない。

2019年後半の時点で、こうした製造業不況について、皆が知らなかったわけではない。鉱工業生産もISM指数も、だれでも知ることができるデータであり、報道でもManufacturing Recessionという語句は踊っていたからだ。しかし多くの市場参加者は、「製造業が不振、などということは、だれでもわかっている（灰色のサイである）、しかし米国経済全体において、製造業の占める比率は11％[32]と低いため、非製造業さえ業容がよければ、製造業が不調でも、株価は上がってもよい」と唱え、灰色のサイを無視してきた[33]。その点で、灰色のサイの角に、米国株式市場の驕りは、貫かれたといえるだろう。

## 金価格と銅価格が語る、2019年の世界経済の不振

次節で、日本の話に移りたいが、その前に、世界経済の動向と関連した、興味深いデータを、国際商品市況からご紹介しよう。

まず、バルチック指数（あるいは、バルチック海運指数）につ

32　2017年。出所は総務省統計局「世界の経済2020」で、その元データは国連“National Accounts - Analysis of Main Aggregates”。

33　そうした株式市場の楽観を、警戒的に批判した報道はあった。たとえば2019年10月12日付のWall Street Journal“Heard on the Street” https://jp.wsj.com/articles/SB12268957198964914247204585585351675349386（リンク先は日本語版）参照。

いて述べたい。これは、船の運賃の平均値を、バルチック海運取引所[34]が集計しているものだ。とはいっても、すべての船の運賃を集計しているわけではない。まず、長期契約を行って運賃を定める定期船を除き、そのつど荷主と海運会社で交渉して運賃を決めるスポット契約の船（不定期船と呼ばれる）の運賃に限っている。長期契約の場合は、契約期間中は原則運賃が変わらないが、スポット契約の場合は船の需給によって、運賃が契約ごとに上下する。そうした需給は、供給側の要因（利用可能な船の隻数など）も長期的には影響するが、短期的には需要の増減が動かす。世界的に景気がよく、貿易が活発化すれば、不定期船の運賃が上昇するわけだ。

また、不定期船のなかでも、原油を運ぶタンカーは除き、乾貨物船（鉱石類や穀物など乾いた貨物を運ぶ船）の運賃を集計対象としている。このためバルチック指数は、Baltic Dry Indexと呼ばれる。

このバルチック指数の動きをみると（図表２－12）、景気が悪化したり世界市場が波乱を引き起こしたりした時には低下し、底をつけてきた（図中の丸印）。2019年前半にもバルチック指数は低下し、世界経済が冴えないことを示していた。それにもかかわらず、米国を中心として2019年後半に大きく株価が上昇したことは、やはり異常だったのではないだろうか。

また、やはり国際商品市況から、銅の価格と金の価格をと

---

34　バルチック海運取引所（Baltic Exchange）は、英国のロンドンにある。https://www.balticexchange.com/

## 図表２－12　バルチック指数の推移

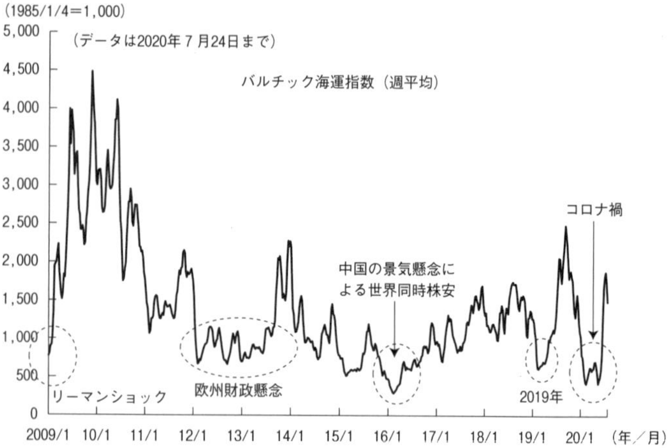


（出典）　FactSetよりBdフルーレット作成

## 図表２－13　銅÷金価格比率の推移

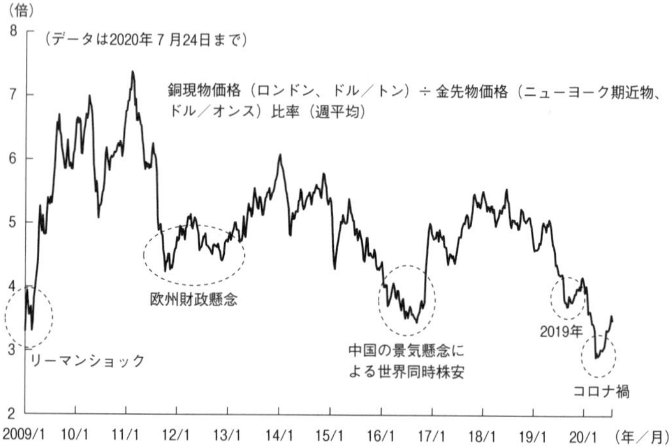


（出典）　FactSetよりBdフルーレット作成

り、銅価格を金価格で割った比率をみてみよう（図表2－13）。

この比率は、銅価格が景気の浮沈に応じて上下しやすい一方、金は価格が景気動向ではあまり動かない、といった性質を利用したものだ。というのは、銅は家電製品（電源コードの芯線、電線や、エアコンの熱交換器など）や建材などによく使われ、景気の動きに敏感に価格が反応するといわれる。金は工業製品用に用途があることはある（ハイテク製品の半導体と本体の結線など）が、宝飾用などのウエイトが高く、景気の浮沈に左右されにくい。それどころか、景気が悪化し株価が下落する局面では、金は安全な資産だとの解釈から、投資資金が避難先として金を買い、景気の悪化が金価格を押し上げる展開もよくみられる。

銅の価格が景気動向と並行的に動くのなら、銅価格を金価格で割った比率を計算しなくてもいいのではないか、との考えもあるだろう。ただ、景気とは関係が薄い要因で、銅と金が並行的に値上がり、あるいは値下がりする場合もありうる。たとえば、金融が緩和気味で資金余剰が生じた際に、金にも銅にも資金が向かう、ということはあるだろう。あるいは、デフレ気味の経済になった（物価が低下傾向になった）際には、金も銅も値下がりするかもしれない。銅の値段を金の値段で割ることで、こうした共通の要素を相殺できる。

この銅÷金の比率は、やはり前掲のバルチック指数と同様のタイミングで低下し、底をつけた。2019年も、バルチック指数の底入れのタイミングからやや後ずれしているが、他の底と同様の水準まで比率が低下している。やはり、2019年の米国株高は、無理なものであったといえるだろう。

以上、つらつら述べてきたように、米国株のPERでみても、米国の鉱工業生産でみても、ISM指数を分析しても、バルチック海運指数でも銅価格と金価格の比率でも、ことごとく2019年から2020年初めにかけての米国株価は高過ぎたと判断できる。このように、あのデータもこのデータも同じことを語っている、という時は、要注意だ。自分の考えが、多くのデータが指し示すものと違っていたら、再検討したほうがよいと思う。

さて、ここまで、第一の灰色のサイ、米国株価はどう考えても高過ぎたのに、多くの投資家が「株価が高過ぎるなど、皆知っている、それは灰色のサイだ、それでも株価は上がるのだ」と語っていたことの危うさを、しつこいほど述べた。当時、同様に「米国株価は上がり続ける」と信じていた方にとっては、この書籍が、自分の傷口に塩を塗り込み続けてきたようにお感じになったかもしれない。もしかすると、この箇所まで読み進める前に、激怒して、この本をゴミ箱に叩きこんだ方も、おられたのではないかと懸念する。

ただ、筆者は、だれかを非難するつもりはない。市場には常に多くの異なった見解が存在し、それが健全なことだ。皆が筆者と同じ見解にならないといけないと、説得する気は常にない。筆者も見通しがよく外れるし、それでも思うところを単に述べているだけだ。筆者の見解に同意なさる方は同意していただければよいし、同意しない方は自分の思うとおりになさればよい。「みんなちがって、みんないい」

## バブルとは何か

ここで、違った角度から同じことを眺めてみよう。最近、バブルという言葉がやたら唱えられるように思う。たとえば、コロナ禍のなか、主要国の経済がまだ完全に立ち直っていないのに、2020年３月下旬以降株価が上がったのはバブルだ、そのうち大きく株価は下落する、とか、主要国の金融政策がおおいに緩和気味になっているので、金あまりになってこれからバブルになる、といったような言い方だ。

こうした言い方がよく使われるのは、市場を煽りたい人がある程度存在する、ということによるのかもしれない。「バブルが来るぞ、株価は暴騰するぞ、早く買わないとだめだ！」「いまはバブルだ、バブルが崩壊して株価は暴落する、早く売らないといけない！」などの煽り方だ。ただ、現実というものは、大抵つまらないもので、バブルはそうしょっちゅうはやってこない。

そもそも、バブルの定義とは何だろうか。まず、株価など、証券・金融市場における市況が、実態価値よりかなり高い、ということは、必要条件だろう。これまでの株価の適正価値をめぐっての議論からいえば、たとえばPERがきわめて高い、などがバブルといえる条件になる。

しかし筆者は、それだけではバブルと呼ぶには十分でないと考える。バブルといえるには、「そのバブルの渦中では、ほとんどの人がバブルだとはつゆほども思っていない」ということが必要だろう。というのは、まずバブルの萌芽が始まり、株価などが適正価値から上に離れ始めたとする。そこで「バブルが始まった」と多くの人が思っているとしよう。バブルはいずれ崩壊するので、そのうち株価が下がるのであれば、株式をどんどん買っていこうとは、考えないだろう。すると買おうという人が少ないから、株価は押し上がらず、バブルには至らない。

ということは、「いまはバブルだ」と叫ぶ人が多いとすれば、いまはバブルではない。「これからバブルになる」と唱える人が多ければ、これからバブルにはならない。

ただし、例外的にバブルだと思う人が多くても、バブルに至る可能性はある。それは多くの人が「これからバブルになる、きっと大きく株価は上がるが、その後あっという間に下がるだろう、しかし自分は運用がとてもうまいので、いま思い切り買って、株価が吹き上がったら、暴落の直前に全部株式を売り払って、大儲けだ」といった具合に自身を過信している場合だ。自分が賢いと思い込んでいる賢くない人ばかりであれば、バブルになりうる[35]。

ただ、いずれにせよ、思い込みが激しい局面でなければ（冷

---

35　バブルとは異なるが、ある噂や思惑などで、個別銘柄の株価が一気に吹き上がり、そこから一気に暴落する、ということも起こる。そうした銘柄に群がる投資家を、「イナゴ」と呼ぶそうだ。イナゴのなかでも、株価上昇の初期で買えるイナゴや、最後の高値で思い切り買うイナゴなど、イナゴの種類がいろいろある、とも聞く。自分だけは高値で売り逃げることができると、過信しているイナゴも多いのだろう。ただ、このあたりの話は、筆者は詳しくない。

静に分析できている人がとても少ない状況でなければ）バブルは起こらない。2019年後半から2020年２月頃にかけての米国株価の上昇は、別に予想PERが50倍などになったわけではないから、価格水準だけをいえば、別にバブルではない。日本のバブル相場の場合は、1989年末にかけて、PERは70倍を超えたとされている[36]。

しかし、2020年２月に至る局面で、高いPERも不振な経済指標も無視されて、多くの人が米国株価は上がり続ける、株価は少しも割高ではない、と思い込んでいたという点で、心理的にはバブルだったと呼んでもよいのではないだろうか。とすれば、３月後半にかけての米国株価の急落は、やはり新型コロナウイルスの流行によるものというより、心理的なバブルが崩壊したことが主因だ、と考えたほうが、よほど腑に落ちる。

---

36　日本証券取引所の長期データによれば、1989年12月末の東証一部全体のPERは、70.6倍。ただし当時は、現在のような連結決算によるPERの算出は主流ではなく、単独決算の利益によるPERであることは、注意を要する。https://www.jpx.co.jp/markets/statistics-equities/misc/04.html

# 3　2匹目の灰色のサイとは？

## 米国と日本の株価は並行的に動くのか

1匹目の灰色のサイの話が長くなった。ここから2匹目の灰色のサイ、つまり「日本の景気や企業収益がコロナ禍の前より悪化しており、日本の株価が下落していてもおかしくなかったところ、米国株価の上昇により、つり上げられていた」という点について、解説しよう。

この前段の、「日本の景気や企業収益が以前より悪化しており、日本の株価が下落していてもおかしくなかった」という点は、日本の経済をしっかり振り返りつつ、後で詳しく述べよう。まず、日本株が米国株につり上げられていたのかどうかを、先に語ることとする。

米国と日本は別の国であり、経済や企業収益の動向が異なる方向に進むこともあるため、米国株価と日本の株価がばらばらに動いても、まったくおかしくはない。ただ、実際にどうかといえば、両国の株価が連動することが多い。

2つのデータが（結果的に）連動しているかどうかを示す数値[37]として、相関係数がある。相関係数はマイナス1とプラス1の間で動く[38]。相関係数がゼロであれば、両者に連動性がないことを意味する。プラス1は、両者が同方向に並行的に動く

図表２－14　日経平均とニューヨークダウの相関

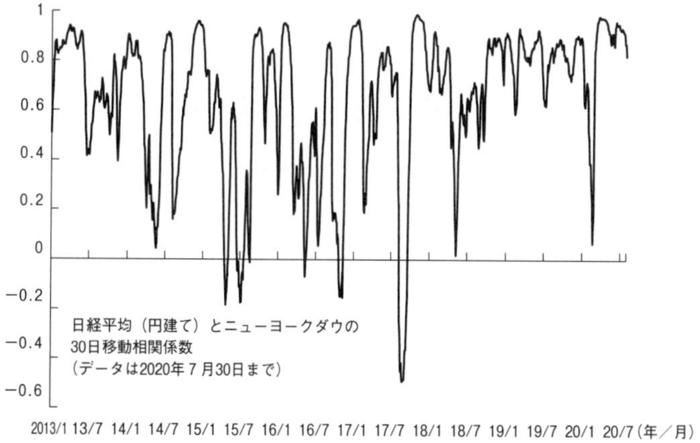


（出典）　FactSetよりBdフルーレット作成

（片方が増えたときはもう一方も増える）ことを示し、マイナス１は、両者が逆方向にぴったり動く（片方が増えるともう一方は減る）ことを表す。

そこで日経平均とニューヨークダウの、30日移動相関係数をみてみよう（図表２－14）。ここでは、日経平均は円建てのまま、ニューヨークダウは米ドル建てのままとしている。「30日移動」というのは、株価などの移動平均をご存じの方は多いと

---

**37**　相関関係が強いからといって、必ずしも両者の間に因果関係（原因と結果の関係）があるとは限らない。たとえば、ビールの売上げとかき氷の売上げは、気温の上下で増減する傾向があるので、両者に相関関係が強いことはありうる。だからといって、ビールが売れるからかき氷が売れるわけではない。

**38**　相関係数の計算式などをここで解説するのも冗長になるので、関心のある方は、統計に関する文献などをご参照いただきたい。

思うが、それと同様に、相関係数を計算しているものだ。たとえば6月1日時点の30日移動相関係数は、6月1日を含めて過去30営業日にさかのぼって（ただし、日本市場のみ、あるいは米国市場のみが、祝日等で休場の際は、その休場日の株価指数は、休場日の前日のものを使っている）データをとり、その30日にわたる期間の相関係数を算出している。

この移動相関係数をみると、時折マイナスになった（日経平均とニューヨークダウが逆に動く傾向があった）局面もあるが、おおむねプラス圏で推移しており、しかも0.8を超える時も結構多い。この点からは、日米の株価は、並行的に動くことが多いといえよう。

## なぜ両国の株価は並行的に動くことが多いのか

では、なぜ日米の株価は同じ方向に動くことが多いのだろうか。筆者は、どの背景要因がそれぞれどの程度の影響力をもつのか、数値的に検証できているわけではないが、下記のような理由が思い当たる。

まず、世界経済がグローバル化し、結びつきを強めている。さまざまな国々の間で、盛んに貿易が行われており、たとえば米国経済が株価下落を伴いながら悪化する局面では、日本から米国への輸出が打撃を受ける。それが日本企業の業績悪化を引き起こし、日本株を下落させる。生産拠点もグローバル化しており、今回のようなコロナ禍で、どこかの国の企業が別の国で行っている生産活動に支障が生じたりもする。企業活動もグローバル化しているため、たとえば日本企業にとっては、米国市場での収益がどうなるかが、その企業の業績全般を左右したりする。

投資家の投資対象もグローバル化している。昔から、大手の年金などは、年金加入者のために長期運用という観点から、国際的に分散投資を行ってきた。米国株にも日本株にも投資を行っている資金は、世界的にかなりの数がある。こうした年金などの運用方針の組み立て方にはさまざまなものがあるが、典型的にはトップダウンアプローチと呼ばれる手法をとる。それは、まず、株式、債券、現金、その他資産（不動産や不動産関連商品、ヘッジファンドへの投資など）に何パーセントずつ資金を投じるかを長期計画として決める。続いて、株式であれば、そのうち何パーセントを米国に、日本に、英国に、などなど国別に投じるかを定める。

そうして定めた配分比率は、長期計画、たとえば10年、20年などといった期間を展望して決めたものだ。それだけではなく、もう少し短い期間で細かく比率を変えることもあるが、それでも通常は１年以上だ。その配分比率に従って投資を始めても、株価や債券価格などが変動すると、何も売買しなくても、定めた配分比率から実際の時価で計算した資産の保有比率がずれてくる。ずれた場合は、計画した配分比率より保有比率が高くなってしまった資産は売り、低くなってしまった資産は買って、元の比率に戻すことになる（これを、リバランスと呼ぶ）。

たとえば、株式は米国と日本しか保有していない、という架空の年金資産を考える。米国株は60％、日本株は40％長期保有するという比率を定めているとしよう。その後、米国株が大きく上昇し、日本株が横ばいで推移した結果、この年金が何も売買していないのに、米国株の保有金額が70％、日本株が30％になったとする。この場合はこの年金資産は、米国株を売却し（そのため、かなり上昇した米国株価が若干だけ下落する）、日本株を買う（したがって、動かなかった日本株がある程度押し上げられる）。この結果、米国株価の上昇が日本株に波及することになる。

最近は個人投資家も、以前より他国の資産に投資することが増えてきているだろう。個人投資家の場合は、年金のような資産配分比率を定めている人は少ない（いることはいるだろうが）と推察される。ただ、たとえば米国株価が上がってくると、その儲けを使ってさらに株式に投資しようと考え、日本株も買増しするかもしれない。逆に米国株価が暴落すると、株式投資全般が怖くなって、日本株も売却することがあるだろう。そうした投資家の行動の結果、日米の株価が連動するかもしれない。

## 過去からの習性に賭ける投資家がいる？

以上、日米株価が連動する背景として、想定される要因をいくつかあげてみた。さらにもう１つ、連動する要因として考えられるものがある。それは単に「過去に日米株価が連動してきたから、これからも連動するだろう」と思う投資家が多い、という可能性だ。

そんな、何の根拠で連動するかを考えずに、単に過去そうだったから今後もそうなるだろう、というだけで行動する投資家がいるのか、と思う読者の方もおられるかもしれないが、過去の確率が高い事象に賭けてみよう、という向きは結構いる（筆者はそうした投資は勧めないが）。

これは、株式市場だけではなく、為替市場などでもそういうことはしばしばみられる。たとえば「リスク回避のための円高」とよくいわれ、実際に世界のどこかの国で何かのリスクが生じると、円が高くなる、という現象がよく起こる。それは理解できる場合もあって、米国株価が大きく下げた、という局面は、米国でリスクが生じているわけだから、米ドルを売って円を買う動きが広がってもおかしくない。あるいは欧州経済が不振だ、というデータが多く出れば、欧州地域のリスクを避けるため、ユーロや英ポンドを売って日本円を買うという投資家が増えるだろう。

ところが、たとえば日本で悪いことが起こって日本株が大きく下落した、という時も、頻繁に円高が生じる。記憶に新しいところでは、2011年３月の東日本大震災のすぐ後に、かなりの円高が進行した。リスクが生じた国の通貨が買われる、というのは、理屈から考えると理不尽なことだ。

こうした「何でもいいからリスクが生じたら円を買う」という動きが生じるのは、「過去は、日本を含めて、どの国においてであっても、リスクが生じたら円が高くなったから」と、経験則だけで円買いを行っている投資家が多いためだ、と解釈するとわかりやすい。そうした反射神経的な円買いを、何かきっちりした理論で説明しよう、という試みも多くなされている[39]が、納得できるものは少なく、あまり実りはないだろう。

同様に、「過去は米国株価が上がったら日本株も上がることが多かったから、何も考えずに日本株を買う」という投資家がいても、おかしくはない。本当にそんな人ばかりなのか、というと、実はそうした投資行動をとっている投資家は、人間ではない場合もある。つまり、コンピュータプログラムが自動的に売買を行っている、プログラム売買、アルゴリズム取引[40]などと呼ばれる投資資金も多いといわれており、人間が「まさかそんな売買はしない」と思うような、文字どおり機械的な売り買いを、進めることもあるようだ。

## NT倍率の動きは何を語るのか

さて、そうして「米国株価が上がったから日本株を買おう」という投資家は、どういう投資家なのか。おそらく、日米それぞれの経済動向や企業収益の実態をきちんと調べてふまえ、投資対象となる銘柄を長期的に保有しようといった、機関投資家などではないだろう。前述のアルゴリズム取引も含め、短期投

39 たとえば、前述の東日本大震災の時は、生命保険・損害保険会社が、保険金を支払うために保有する外貨建て資産を売却して円の現金を用意したから、円高になった、という説が流れた。保険各社は、保有する現金は十分だとして、そうした観測を否定した。

40 アルゴリズムとは、計算手順のことなどを意味するが、ある特定のプログラムの手順に従って売買する取引を、アルゴリズム取引と呼ぶ。

資家、それも海外勢を多く含むのではないだろうか。

すると、日本株を買うとしても、具体的に何を買うのだろうか。個別銘柄ではないだろう。短期筋であるから、個々の銘柄を選択している時間はないし、手間もかけたくないはずだ。また、個別銘柄を幅広く買うには、かなりの額の資金が必要になる。加えて、もともと、日本のある特定の業種や企業に魅力を感じたわけではなく、米国株価が上がるから日本株が全般的に上がるだろう、という思惑に基づいた投資だから、やはり個別銘柄を買う理由はない。

すると、日本の株価指数の先物や、株価指数に連動するETF（上昇投資信託）を買うことになるだろう。大きな資金量で売買するとすれば、先物のほうが取引量が多く、売り買いしやすい。

そこで米国株価の上昇につれて日本株を買い進める場合は、別にTOPIX[41]の先物を買っても日経平均の先物を買ってもよい、ということになる。ただ、日経平均先物のほうが売買高が多い[42]ため、日経平均先物を選好する海外短期筋が多いように思われる。というのは、他の多くの投資家も売買に参加していて、売買高が通常から多いと、自分たちが買ったから先物の価

---

41　TOPIX（東証株価指数）は、東京証券取引所第一部上場全銘柄から算出される株価指数。日経平均は、225種の銘柄から計算されている。その他にも計算の違いはあり、後で違いを述べる。

42　両者の売買代金の差が、圧倒的に違う、というわけではない。たとえば2019年３月限（2019年３月で最終売買となり、決済された先物）の総取引代金は、日経平均先物が80.9兆円、TOPIX先物が61.7兆円、2019年６月限では日経平均が130.6兆円、TOPIXが107.1兆円。

格が上がってしまう、売ったから下がってしまう（結果として高く買って安く売ることになる）といった事態を回避しやすいからだ。そこで、米国株価が上がると海外短期筋などが日経平均先物を買い、日経平均の上昇率がTOPIXの上昇率を上回る。逆に米国株価が下落すれば、日経平均が主導して下落するかたちとなる。

そうした考えに基づいて、NT倍率（日経平均÷TOPIX）が、よく注目される。これをみると（図表2－15）、2019年後半に一段高めの水準に持ち上がり、海外短期筋が日経平均中心に日本株を下支えしていたと推察される。さらに2020年3月9日にかけて、同指数は上振れした。すでに3月初め辺りまでには、日米ともに株価はやや軟調に推移し始めてはいたが、米国株価は

図表2－15　NT倍率の推移

（出典）　FactSetよりBdフルーレット作成

まだある程度底固い動きにあり、そのため海外短期筋の買いが日本株にも入って、日経平均をつり上げていたものと推察される。

その直後に、コロナ禍を口実に（実際には1匹目の灰色のサイが暴れて）米国株価は3月後半に向けて急落した。そこで今度は、「米国株価が下がっているから日本株を売ろう」と海外短期筋が日経平均先物の売りに走って、NT倍率は急落したと解釈できる。

つまり、2019年後半から2020年2月いっぱいにかけての日本株の上昇や、その後の急落は、日本に何かの要因があったからというより、「米国株価が上がった後、下がった」という上下動に応じた海外短期筋の売買が、日本株を大きく動かしたというのが、実態ではないだろうか。

## 日本株のPERは機能していたのか

この前の節で、米国市場における1匹目の灰色のサイは、米国株が割高になっていたことだ、と述べ、2020年2月の米国の予想PERは、その割高さを明確に示していたことを解説した。では、日本株が米国株価につり上げられなければ株価水準が正当化できないほど、PERでみて割高だったのだろうか。別の言い方をすれば、2匹目の灰色のサイのうち、先ほど説明を後回しにした部分である「日本の景気や企業収益が以前より悪化しており、日本の株価が下落していてもおかしくなかった」という点は、日本株の予想PERの高さで裏打ちされていたのだろうか。

結論は、予想PERで日本株をみると、「表面的には」割高にはみえなかったが、実は日本経済と企業収益が悪化し続けていたため、予想PERでは割高・割安を論じられない事態に陥っていた、と考えている。

まず、その予想PERを眺めてみよう。TOPIXの予想PER[43]のグラフ（図表2－16）に、第二次安倍政権発足後のPERの上値と下値のメドを、点線の横線で加えている。上限がほぼ16倍でそれを超えると割高、13倍を割り込むと割安、と判断できる

図表2－16　TOPIXの予想PER（先行き12カ月ベース）の推移

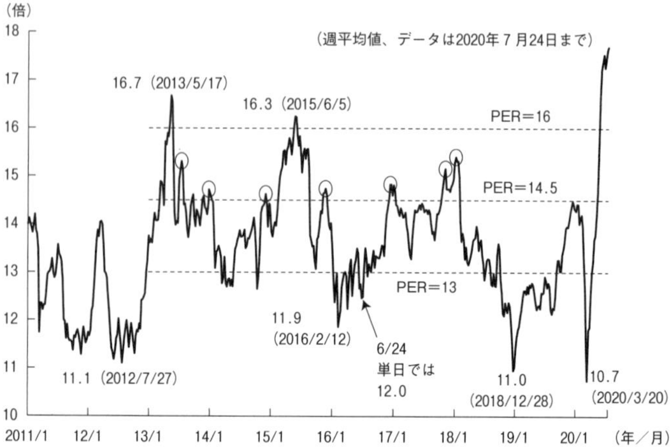


（出典）FactSetよりBdフルーレット作成

43　予想PERの算出方法などは、米S&P500指数の場合（図表2－3）と同様。TOPIXは東証一部全銘柄から計算されている株価指数なので、TOPIXの予想PERは、東証一部全体の予想PERと同義。

（中間が14.5倍）。これをそのまま素直に読むと、2019年末で14.5倍であり、2019年後半の米国株と並行的な日本株の上昇があっても、予想PERの水準からは、特に割安ではないが、割高でもない。つまり「表面的には」、当時は日本の株式市場には灰色のサイはいなかったように思われる。

しかし予想PERには、弱点がある。それは、PERを使えるには、予想利益の水準が、先行きもある程度は安定していることだ。いまの予想PERの水準がほどほどでも、近いうちに利益の予想値が急激に上方修正されてしまえば、あっという間にPERは大きく低下して判断が割安に転じるかもしれない。とすれば、いまのPERがほどほどでも、「買い」かもしれない。逆に、それほど日を置かずに利益予想値が大きく切り下がるのであれば、いまのPERがほどほどでも、「売り」（割高）と判断できるかもしれない。

実は、日本の企業収益は、2019年初めから、すでに悪化が予想されていた。前掲の予想PERでは、ファクトセットが集計した、アナリストたちのEPS予想の平均値を、計算に用いている。その前年比をみると（図表2－17）、2019年の初めから、もう今後1年間の利益は減益になると予想されていたわけだ。この書籍では、さまざまな説明を「後で」「後述する」と先延ばしにして恐縮だが、そうした減益をもたらした背景は少し後で詳しく解説する。

ただ、アナリストが総体として、収益見通しを当時は下方修正し続けていたため、投資家が「たしかにいまのEPS予想値を

図表２－17　TOPIXの予想一株当り利益52週前比の推移

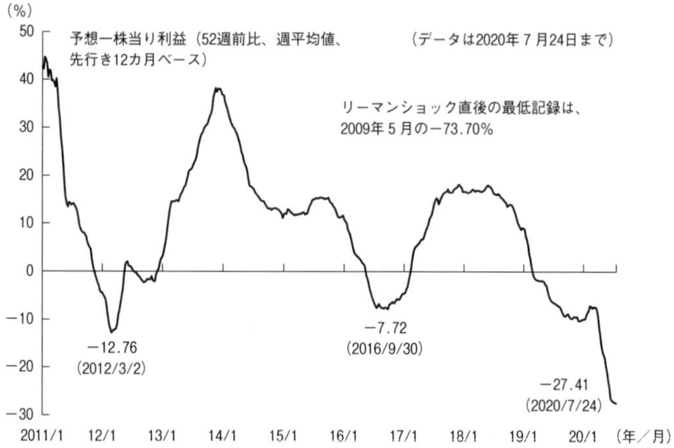


（出典）　FactSetよりBdフルーレット作成

使えば、PERでみて日本株は割高ではないが、これからどんどんEPS予想が下方修正され続ける可能性が高いため、PERによる判断は使えない」と考えてしまうような事態に陥っていたのではないだろうか。そうした、PERが表面的には割高さを示していないが、割高でないとは言い切れない、という状況だったと考える。

そのため、本来なら利益見通しの下方修正に押されて日本株は下落していくべきところ、別の国である米国の株価上昇につり上げられて、日本株は「危うい上昇」を2020年２月頃まで続けていたと解釈できる。

そうした、日本の企業収益はコロナ禍の前から悪化の一途をたどっているという、自明な事実、すなわち「２匹目の灰色のサイ」を多くの投資家が軽視したツケが、同年3月後半に向けての株価下落を引き起こしたのだと考える。日本の企業収益の悪化は、新型コロナウイルスの流行の前から生じていたのだから、3月に向けての日本株の急落は、やはりコロナ禍というブラックスワンのせいではなく、灰色のサイによるものだ。

## 直近の日米の予想PERの跳ね上がりを、どう考えたらよいのか

PERという投資尺度（投資判断に用いられる数値）は、述べてきたように、利益予想値の安定性が損なわれた（もしくは、損なわれたと多くの投資家が考える）状況では、残念ながら機能しない。

この章で、前に米国株式市場の予想PERを議論していたところで、図表2－3のグラフの右端が跳ね上がっていたことを、ごく簡単に触れた。日本の予想PER（図表2－16）も、同様に右端は急騰している。では、日米の株価はきわめて割高になっており、今後株価は大幅に下落すると予想すべきなのだろうか。そうは思わない。

前掲の日本の予想EPSの前年比（図表2－17）に戻ると、利益予想値の前年比が、大幅なマイナスに陥っている。コロナ禍の企業収益に与える悪影響の度合いを、この時点で正確に数値で推し量ることは不可能だ。あまりにも先行きが不透明過ぎる。つまり、利益見通しの数値が今後どうなるか、まったくわからない。一段と激しい下方修正が続くかもしれないし、逆に

図表２－18　S&P500指数のEPS（週平均、52週前比、12カ月先予想ベース）

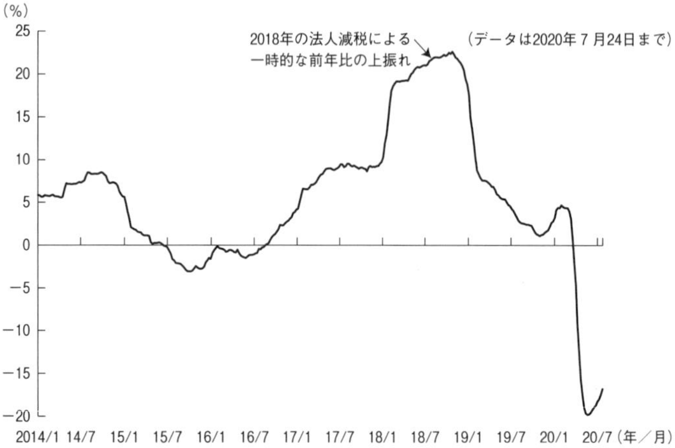

（出典）　FactSetよりBdフルーレット作成

一気に底打ちして大幅に上方修正されるかもしれない。つまりこの時点では、予想PERで割高とも割安とも判断できず、予想PERは使い物にならないと考えるべきだろう。

米国についても、S&P500ベースでの予想EPSの前年比を同様にみると（図表２－18）、2019年から2020年２月頃にかけては、予想利益値が小幅で安定した増益であったため、PERを投資判断に用いることができた。しかしその後はコロナ禍で利益見通しが急変動しており、米国でもコロナ禍の混乱のなかでは予想PERは使えない。

## PBRとは？

さて、米国では2020年になって、日本の場合は2019年からすでに、利益見通しが不安定化し、PERに頼れなくなっている、と述べた。とすると、日本の株式市場について、投資尺度で使えるものがあるのだろうか。

58ページで、株価の割高、割安を判断するには、実態価値と株価を比べる必要があると述べ、株式に実態価値が存在する裏付けとして、株式を利潤証券、資産証券、支配証券という側面からみる、という考え方を紹介した。利潤証券としてみなす考えに基づいた投資尺度がPERであるが、資産証券としての観点によるものが、PBR（Price Book-value Ratio、株価純資産倍率）だ。

PBRは、株価と株主のものである企業の資産を、比べたものだ。ただし、ROEの解説のところで述べたように、企業が保有する総資産がすべて株主のものではなく、負債を返した残りである株主資本（Equity）が株主のものだ。総資産から負債を引き算しているので、グロス（gross）ではなくネット（net）の資産という意味合いから、純資産（ネットの資産）とも呼ばれる。また英語では、Book-valueともいう。

そこでPBRは、

PBR＝株価÷一株当り純資産

で算出される。

一株当り純資産は、BPS（Book-Value Per Share）と略称で呼

ばれることが多い。PBRの計算で、一株当りで考える理屈は、PERと同様だ。こちらも発行済株式数をかけることで、

PBR＝時価総額÷純資産

となる。

市場全体のPBRを算出する際は、これもPERと同様に、市場全体で時価総額を計算し、同時に純資産の合計を計算した「後で」、

市場全体のPBR＝時価総額合計÷純資産合計

で求めることになる。

## PBRは理論的には１倍が下値メドとされる

PBRは、上値のメドとしては使えない。この後でPERとPBRを組み合わせてどう活用するか、という点も解説するが、たとえばPBRがとても高い企業があったとして、それだけで、だから株価は割高だ、とはいえない。通常、企業の利益が十分な金額あって、PERでみれば適正な株価がついている、ということが多い。その場合、多額の利益（EPS）に支えられた株価で計算するとPBRが高くなるが、利益の裏付けがあるから割高とはいえない、という解釈になる。何だかピンとこない、という方は、後の「株価モデル」のところでもう一度考えていただければと思う。

ではPBRは何に使えるかというと、下値のメドだ。つまり、この水準よりも株価が下がると割安だ、というやり方で議論される。そうした下値のメドは、「理論的には」PBR１倍だとい

われる。

というのは、PBR＝時価総額÷純資産額だから、PBRが1倍を割れていれば、時価総額より純資産額のほうが大きいことになる。そうした企業の株式をすべて買い占めて経営権を握ろうと思うと、買い占めるには時価総額（＝株価×発行済株式数）相当額のお金があればよい。そうして経営権を握り、その企業の活動を即時に停止して、企業が保有する資産をすべて売り払い、負債を返済すると、残る金額は純資産額になる。これにより、少ない時価総額分の資金を投じて、より多い純資産額を手に入れることができる。これは非合理であるから、PBRは1倍を下回らない、という言い方ができるし、もし1倍を割り込んだ企業があれば、そうした企業を買収して経営権を握り、企業を清算して儲けようという投資家が殺到し、その株式を買おうとするため株価が上がってしまって、PBRが1倍以上になる、という考え方もできる[44]。

## PBRは実際には、個別銘柄でみると、1倍割れがきわめて多い

ところが、実際には、個別銘柄でみても市場全体でも、日本

44 以上はあくまでも、理論上は、ということであって、一種の架空の世界での議論だ。実際には、本当に保有する資産が帳簿上の金額で売れるか、そもそも企業活動を停止してすべて売り払うなどが可能か（従業員を解雇すると、その分の保障などが必要になるかもしれない、など）、といった具合に、そのとおりにいくはずがない、というツッコミどころがたくさんある。

のPBRは１倍を割り込むことがある。

まず、個別銘柄ではPBR１倍割れの銘柄は、かなり数が多い。いまはネット上で、さまざまなデータに基づき、銘柄別のランキングをみることができる。証券会社に口座があると、ログインしてから、複数の指標を組み合わせた複雑なランキングやスクリーニング（条件に合致した銘柄のリストアップ）が可能な場合が多い。また口座がなくても、たとえばYahoo!ファイナンスに、ランキング機能がある[45]。

このランキング機能で、東京証券取引所第一部だけではなく、第二部、マザーズ、JASDAQや、大阪、名古屋などの単独上場も含め、日本の全市場の銘柄を、PBR（BPSは直近決算期の、すでに発表された実績値）で低い順に並べると、筆者が2020年７月13日前場終値のデータで並べたところでは、PBRが0.1倍台という企業が23社もあった。そして１倍割れはなんと1,927銘柄もあり、ランキング対象の全3,770社中の51％と、半数近くにものぼる。

理論的には１倍を割れないはずなのに、いったいどうしてこれほどの１倍割れの銘柄が存在するのだろうか。こちらも「理屈のうえでは」ということだが、下記のような背景要因が考えられる。

まず、計算に用いられているBPSが、信用されていない、という可能性だ。これはいくつかあって、最も極端なのは、かつ

45 https://info.finance.yahoo.co.jp/ranking/?kd=1&tm=d&mk=1

て米国でエンロン、ワールドコムといった企業が2001年から2002年にかけて引き起こしたような、会計不正だ[46]。こうした粉飾決算が問題化すると、当該企業についてはもちろんのこと、他の潔白な企業についても何か不正があるのではないか、との疑念を投資家が抱き、帳簿上の企業の純資産額を信用しない事態に陥って、株価がBPSを下回る事態になりうる。ただ、現在の日本で、こうした会計疑惑が広範囲に深刻化しているとは、考えがたい。

次に、現時点での会計書類の内容自体は信じられているが、近いうちに巨額の損失が発生する展開が懸念されている場合だ。そうした巨額の損失は、その企業の本業のビジネスで発生することがあるだろう。

また、企業買収などを積極的に進めた結果、投資先の企業が仮に破綻するなどすれば、その投資が損失を発生させ、投資を行った企業本体の純資産が毀損する、ということも否定はできない。そうした形態の損失は、投資（株式の取得）のみならず、融資が貸倒れするという展開でも生じうる。日本の1989年にかけてのバブルのピークからその後のバブル崩壊においては、経営権を握るというかたちの他社の株式取得だけではなく、単に売買で運用利益をあげたいという目的での株式投資で、損失を発生させた企業が多かった。

あるいは、企業のグローバル化により、企業が外貨建ての資

46 不正経理で両社は破綻した（破綻はエンロンは2001年12月、ワールドコムは2002年７月）。

産（海外子会社や在外関連会社の工場や事務所などの資産を含む）を保有することが増えている。すると、現地で実態面でそうした海外資産に何事もなくても、円高・外貨安が急速に進むのではないかとの懸念が投資家の間に広がると、連結決算における外貨建て資産の円換算額の目減りが生じ、BPSがいまより減る、との不安が抱かれることはありうる。

加えて、すぐに巨額の損失が発生するとは見込まれていなくても、その企業自身やその企業が属する業界に将来性が乏しく、今後長年だらだらと小幅な赤字が続くと予想されることもありうるだろう。するとこれから、少額ずつではあるが、BPSが減り続けることになる。株価は将来をも展望して価格が形成されるので、先行きの減少が予想されたBPSをもとにいまの株価が形成されていれば、足元のBPSから計算されたPBRが１倍を下回ることは考えられる。

つらつら述べてきたような、業界環境が悪いため、大きく赤字が発生したり、投資損などなんらかのかたちで純資産が大きく減る可能性が懸念されていたり、だらだらと赤字が進むとの不安があったりする、という状況は、コロナ禍のなかでは、ある程度広がってもおかしくないといえる。ただ、それにしても、半数近くの銘柄でPBR１倍割れ、というのは、極端な事態にもみえる。

すると最後にありうる要因としては、投資家が過度の悲観にとらわれ、その結果として理不尽に株価が安過ぎるため、PBRが１倍を割れている銘柄数がかなり多い、という可能性だろう。そうした悲観を検証するのはむずかしいが、この可能性も完全には否定し切れまい。

## PBRは市場全体でも、1倍割れがあった

このように、個別銘柄ではPBRが1倍を割れている銘柄がかなりの数あることを述べた。しかし、たとえば東京証券取引所第一部（東証一部）上場のすべての企業でみれば、1倍割れの銘柄ばかりでなく1倍超えの銘柄も多い（しかも、1倍を大きく超える企業もあるだろう）ため、東証一部全体のPBRは1倍を割れにくいのではないか、と考えるのが自然だ。

そこで、TOPIXのPBR[47]をみてみよう（図表2－19）。なお、ここでは、BPSの値は実績値ではなく、前掲のPERと同様、ファクトセットが集計したアナリストのBPSの予想値を集計したものを用いている。

この予想PBRは、たしかに、多くの期間で1倍を上回って推移している。したがって、「通常は」東証一部全体のPBRは1倍を割り込んでいない、と考えて、問題はないだろう。

ただし、1倍を割り込んだ局面もあったことがわかる（図中の丸印）。それは、グラフに示されている2006年以降の期間で主に3回（短期間割り込んだ時期を除く）あった。いちばん左がリーマンショック直後だ。次が2011年から2012年にかけての時

47　TOPIXのPERの解説のところで述べたが、TOPIXは東証一部全体の銘柄から計算されているため、TOPIXのPBRというのは、東証一部全体のPBRと呼ぶのと同義。

図表２－19　TOPIXのPBRの推移

（出典）　FactSetよりBdフルーレット作成

期を中心としたところで、世界的には欧州諸国（特に、ギリシャ、ポルトガルなど南欧諸国）の財政に対する懸念が広がった頃だ。またこのタイミングで、日本では、2011年３月の東日本大震災を受けての景気動向に対する不安が、広がっていたともいえる。いちばん右が、コロナ禍による株価下落時だ。これは、日本企業の収益が悪く、本来であればもっと早く株価が下落していてもおかしくないのに、その収益悪化を２匹目の灰色のサイとして無視し、米国株価の上昇につり上げられていた日本株が、とうとう灰色のサイが暴れて大きく株価下落に追い込まれた時期だった、ともいえる。この３回のPBR１倍割れの局面で、いずれもPBRは0.9倍も割れて、0.8倍台まで低下している。

コロナ禍による3月後半にかけての株価下落の渦中では、多くの専門家が「PBR1倍は下回らないだろう」と、1倍が下値の岩盤のような物言いをしていた。たしかに理論的には1倍で止まる、という考え方自体に誤りはないが、過去に現実に1倍を割り込んだことがあったのだから、1倍で止まるという市場見通しには、危うさがあったといわざるをえない。

一方で、過去に何度かPBRが1倍を割れた時期は、0.8倍台で止まっているが、なぜ0.8倍台で止まったのか、なぜ0.9倍台や0.7倍台ではないのかについては、筆者はまったくわからない。

## PERとPBRを組み合わせた株価モデル

さて、日本株が米国株の上昇につり上げられたということがどうしていえるのか、そのつり上げと灰色のサイが暴れて大きく株価が下落した際に、PERやPBRといったデータは、どういう振る舞いをしたのかを、述べた。残った論点は、どうして2019年以降日本の企業収益が悪化したのか、という背景だが、どんどん議論を先送りして申し訳ないが、いろいろな投資尺度(PERやPBRなど、投資判断を行ううえで有用なデータ)について解説してきたので、もう少し投資尺度の話を続けたい。

PERについて、ある適正な水準が存在するのではないか、それを超えれば株価は割高で、割り込めば株価は割安だ、と述べた。その考え(一種の簡単な数理モデル)を図で示した(図表2－20)。

ここでは、その適正なPERを、12.5倍としている。この数値

図表2－20　EPSと株価の関係

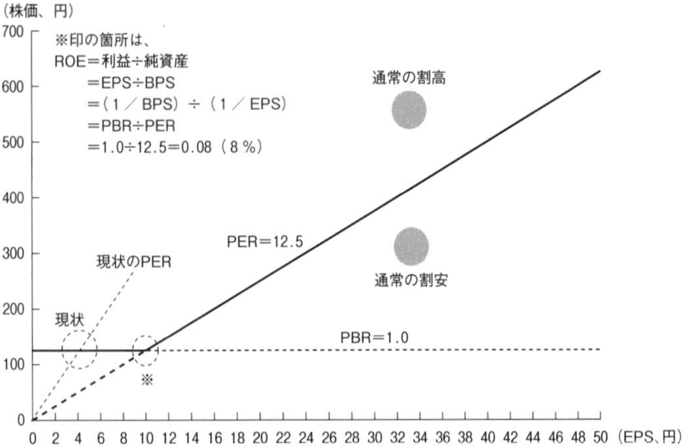

（出典）　Bdフルーレット作成

にあまり意味はなく、だいたいそのくらいのものとして置いている、ということにすぎない。この図の横軸（X軸）にはEPSをとっている。右にいくほど、EPSが増加する。一方、株価を縦軸（Y軸）に示している。PERが12.5倍で一定だとすれば、右上と左下を結んだ斜めの線になる。PERが12.5倍のままなら、EPSが増えると株価も同率で（たとえばEPSが2倍になると株価も2倍になるかたちで）右上に上がっていく。逆であれば左下に向かう。

この線から上下に外れた位置を、塗りつぶした丸で表している。斜めの直線から上に外れればPERが高過ぎて割高、下に離れればPERが低くて割安、となるわけだ。

この「PERが適正水準で一定」という架空の世界のモデル

は、現実でも結構うまく機能する。しかしこのモデルは、不況で企業収益が大きく悪化した際は、役に立たない。たとえば、企業の利益がゼロになると株価もゼロになるか、利益がマイナスなら株価もマイナスになるか、といえば、ならない。では、そうした利益が著しく減った場合の株価はどうなるかというと、企業が保有する資産の価値で下支えされると考えられる。その水準が、理論的にはPBR１倍であろう、ということだ。そのPBR１倍で株価が下支えされている状況を図では、左のほうの水平の線で示している。

もちろん、この図でPER12.5倍の線を引いているのと同様に、PBR１倍という水準も、とりあえずそう置いているだけだ。長々と前述したとおり、現実には個別銘柄はもちろんのこと、市場全体でも、PBRは１倍を割れる。ただ、そうだとしても、市場全体で2006年以降はPBRが0.8倍を下回らなかったように、資産の裏付けにより、利益が大きく減少した際に、なんらかの水準のPBRが下支え役となっても、おかしくはないように考えられる。

さて、コロナ禍の渦中にある局面を「現状」とすると、その現状がどこに位置するかといえば、企業の利益水準が大きく低下したため、左のほうの水平線のどこかだ、と推察される。それを「現状」と付した丸印で示している。この「現状」のPERを算出すると、ちょうど原点（ゼロの点）と丸印を結んだ直線の傾きになる。そこでは、少なくなった利益と資産価値によって支えられた高めの株価からPERを計算するので、PERの値が異常に高くなるわけだ。図表２－16で、グラフの右端のPERが跳ね上がったのは、このようなモデルで理解できる。

## ROE８％論の背景は？

さて、借入れを過度に膨張させてまでROEを高めようとした米国企業の行き過ぎについては、前で述べた。否定的な語り方が多かったようにお感じの読者もおられるかもしれないが、そこでも解説したように、顧客がおおいに求める製品やサービスを提供して業績を伸ばすことで、ROEを向上させる、というのは、まったく健全なことだし、そうなれば株価の上昇にもつながるだろう。

日本でも、ROEはもちろん注目されている指標の１つだが、さまざまな実証研究で、ROEが低い企業が、経営の改善などによりROEを高めていくと、８％を超えたところから株価上昇に弾みがつく、といったものを目にする[48]。

そうした実証研究に触れると、「企業はROEが８％に達することができるまでは、企業実態として大したことはないが、８％を超えたとたんに素晴らしい企業に変貌するのではないか」と思ってしまう人が出てきそうな気がする。筆者は、ROEが高まることは、その内容が企業の実力向上に沿ったも

---

**48**　たとえば、「投資指標としてのROE」（「三菱UFJ信託運用情報」2015年３月号、三菱UFJ信託銀行）。このなかの「図表２」の左の図、日本のケースと、本著の図表２－20を、比較すると興味深い。https://www.tr.mufg.jp/houjin/jutaku/pdf/u201503_1.pdf

のであれば、好ましいとは考えるが、８％が何か魔法の数字であるようには考えていない。

前に紹介した図表２－20をみると、利益が少ない企業の場合、水平線上に位置しており、利益が多少増えても、株価は上がらない。ところが、利益が増えることで、屈曲点（※印）を過ぎて、右肩上がりの線に移行すれば、株価は本格的に押し上げられ始める。当該図では、PERを12.5倍、PBRによるサポートは１倍に置いたが、すると図中の計算式で示しているように、ちょうど屈曲点が、たまたまROE８％に相当している、というだけなのではないか。

もちろん、PER12.5倍だの、PBR１倍だのは、仮に置いた数値であるし、現実に個々の企業では、適正なPERも、下支えとなるPBRの水準も、それぞれ異なる。とすれば、図の屈曲点に相当する箇所のROEも、それぞれ違うだろう。ただ、多数の企業でデータをとってみると、ROEが８％前後のところが屈曲点となる場合が多い、という「たまたまな」ことが事実ではないか、と考えている。

なお、本著を通じて読者の方々に訴えていることは、健全な懐疑心をもって、すべての主張を疑い、自身で検証し吟味した後に、取り入れてほしい、ということだ。だれかが正解を提示してくれる、それを考えなしに使えばよい、という姿勢は捨てていただきたい。その点では、筆者がこの書籍で書いていること自体も、疑うべきだ。

もしかすると、ROE８％というのは、魔法の数値なのかもしれない。多くの投資家がそう判断して株式を売買している結果、そういう考えが「見えざる手」である市場において総体として反映され、屈曲点がROE８％に符合するように、知らず知らずのうちに適正なPERと下支えとなるPBR水準が巧みに市場で定められているのかもしれない。

「ROE８％が特別の数値なのか」について、このように両面からの考察が可能であり、筆者はそのどちらが真実なのか、断じる能力はない。

## 「日経平均のEPS」は、ゴミ箱へ捨てよう

日本の株価が米国株につり上げられていたかどうか、というところで、海外短期筋が株価指数先物を買う際に、TOPIX先物より日経平均先物のほうが売買高が多いことから、日経平均先物が選ばれやすいのではないか、と述べた。内外の機関投資家は、幅広い銘柄から計算されているTOPIXを選択することが多いが、特に個人投資家については、「今日はTOPIXは○○ポイントです」といわれてもピンとこず、「今日の日経平均は○○円でした」と聞くほうが、水準感が肌で感じられるだろう。このため、投資においても、日本の株価指数連動ETFを売買する場合は、日経平均に連動するものを、個人投資家が選ぶことが多いと思う。

株価指数そのものについて語る時以外でも、PERなどについても、日経平均で議論されることがTOPIXより頻繁ではないだろうか。そのせいかどうか、日経平均全体のEPSをレポート

やメールマガジン等に記したり、マスコミで述べたりする、市場関係者も多い。ただ、この「日経平均のEPS」というのは、ほとんど意味がないので、ゴミ箱に捨てたほうがよいと考える。

これは、日経平均採用の225銘柄全体のEPSを計算しよう、という試み自体が悪い、と主張しているわけではない。世間でよく流布している日経平均のEPSについて、その計算方法がおかしい、と語っているだけだ。

その点を、TOPIXと並行して説明していこう。TOPIXの場合、PERの計算式は、前に述べたように、東証一部全体の時価総額合計を計算し、一方で利益額の合計を計算して、合計を算出した後で、PER＝時価総額合計÷利益合計で、算出する。そこでTOPIXのEPSをどう計算しているかというと、個別銘柄のEPSは利益÷発行済株式数なので、同様の計算を全銘柄について行っているかといえばまったくそうではなく、

TOPIXのEPS＝TOPIX÷TOPIXのPER

としている。つまり、一社一社の発行済株式数を拾い上げて個々の企業のEPSを計算するようなことはしていない。

この場合、TOPIXという株価指数の計算の仕方だが、TOPIXはほぼ時価総額の変動に連動するようなやり方で算出されている。ただし時価総額の変動といっても、株価の上下による変動だけを採用し、新しく株式を発行するなどによる時価総額の増加額は考慮に入れていない[49]。

すると、

TOPIXのEPS

＝TOPIX÷TOPIXのPER

＝時価総額連動のTOPIX÷(時価総額合計÷利益額合計)

＝利益額合計に連動したもの

となり、それをEPSとして問題はない（東証一部全体のEPSといえる)。つまり、TOPIXのEPSは、利益額合計が増えれば増え、減れば減り、変わらなければ変わらない。

では、日経平均の場合はどうだろうか。このEPSも同様に、日経平均の計算に使われている225の企業について、一つひとつ利益と発行済株式数のデータを集めて、算出しているわけではない。実はTOPIXと同様に、225の指数採用企業の時価総額を合計し、利益額も合計して、それらを合計した後で、

日経平均のPER

＝日経平均採用銘柄の時価総額合計÷日経平均採用銘柄の利益額合計

を算出する。それから、

日経平均のEPS＝日経平均÷日経平均のPER

で求めている。

ここで問題は、日経平均のPERは、分子分母を合計してから割り算しているため、PERに影響を及ぼすのは、時価総額が大

49 こうした説明は、わかりやすさを重視しており、まったく厳密ではない。厳密なTOPIXの計算式ならびに計算方法を知りたい方は、日本証券取引所のホームページをご覧いただきたい。https://www.jpx.co.jp/markets/indices/topix/index.html

きく利益額も大きい企業の動向だ。TOPIXの場合は、株価指数であるTOPIX自体が、時価総額合計に連動するため時価総額が大きい企業に左右されやすいが、日経平均という指数は、時価総額（あるいは発行済株式数）の多少に関係なく、根本的には株価の単純平均だ。つまり、TOPIXは時価総額連動の数値同士で割り算をしているからよいのだが、日経平均のEPSは、算出の根本思想が異なる、日経平均とそのPERで割り算しているため、数値に意味がなくなってしまう。

## 具体例で述べよう

おそらく、こうした説明では「理屈は何となくわかるが腑に落ちない」ということだと思うので、具体的な例をあげよう。銘柄数が多いとややこしいので、東証一部に２銘柄しかなく、TOPIXも日経平均も、その２銘柄から計算されているとしよう。

その２銘柄を、A社、B社として、ある日（１日目）において、下記のような状況だとする。

A社：株価1,000円、利益額50億円、発行済株式数6,000万株

B社：株価10,000円、利益額30億円、発行済株式数600万株

そしてA社とB社の翌日（２日目）の株価が、

A社：800円

B社：11,000円

と上下したとする。そして両社の利益額も発行済株式数も、変化がなかったとしよう。直感的には、両社の利益と株式数が変

わらないのだから、２社全体（＝市場全体）のEPSは、変わるはずがない、と思えるし、それが正しいだろう。

まず、架空のTOPIXで、それを確かめてみよう。最初に、時価総額合計と利益額の合計を計算するのだった。２社合計では、１日目は、

時価総額合計＝1,000円×6,000万株＋10,000円×600万株

＝600億円＋600億円

＝1,200億円

利益額合計＝50億円＋30億円＝80億円

すると、

架空TOPIXのPER（１日目）＝1,200÷80＝15倍

となる。

２日目は、

時価総額合計＝800円×6,000万株＋11,000円×600万株

＝480億円＋660億円

＝1,140億円

利益額合計＝80億円

なので、

架空TOPIXのPER（２日目）＝1,140÷80＝14.25倍

に下がる。A社の株価の下落が２割とB社の株価の１割上昇より大きいから、PERが下がるのは自然に感じられる。

ここで、１日目のTOPIXを1,500ポイントとする。TOPIXは時価総額の変動に連動する。このため、２日目のTOPIXは、１日目の時価総額と２日目の時価総額から、1,500ポイント×

(1,140億円÷1,200億円）＝1,425ポイントと、下落する。B社の株価が10％上昇したが、A社の株価が20％も大きく下落したので、架空TOPIXが下落するのは、こちらも自然だと感じられる。

したがってTOPIXのEPSは、

1日目は、

TOPIX（1日目）÷PER（1日目）＝1,500÷15倍＝100

2日目も、

TOPIX（2日目）÷PER（2日目）＝1,425÷14.25倍＝100

で、実感と同様、変わらない。

では、架空の日経平均はどうだろうか。PERの計算方法はTOPIXと同じだから、1日目は15倍、2日目は14.25倍だ。日経平均そのものの計算は、株価の単純平均と本質的には同じだ。その単純平均に、過去の新株発行などの変化をふまえ、継続性をもたせるために、ある定数（倍率と呼ばれる）をかけている。現実の日経平均と同様の水準感にするため、倍率を4としよう（ここで、倍率が4なのか、それとも別の数値なのかどうか、という点に、今後の議論は影響されない）。

すると1日目の日経平均は、

(1,000円＋10,000円)÷2×4＝22,000円

となる。2日目は、

(800円＋11,000円)÷2×4＝23,600円

だ。

A社の株価が2割も下落したのに、架空日経平均が上昇す

る、という点に違和感を覚えた方がいるかもしれない。ただ、日経平均は本質が単純平均なので、価格が高い株（値嵩株と呼ばれる）の値動きが、価格が低い株（低位株と呼ばれる）の値動きより、大きく反映される。現実の日経平均においては、ファーストリテイリング、ファナック、東京エレクトロンといった、一株当りの株価が高い銘柄の値動きで、かなり日経平均全体が左右されることになる。

それはさておき、EPS（＝日経平均÷PER）を計算すると、

1日目：22,000円÷15倍＝1,467円

2日目：23,600円÷14.25倍＝1,656円

となって、2つの会社の利益も発行済株式数も変わらないのに、日経平均のEPSが増える、という珍妙な現象が起こってしまう。

こうした点から、日経平均のEPSを日々語るようなことは、やめたほうがよい。TOPIXのEPSなら、意味はある。

## 日本の企業収益の2019年の悪化は、製造業主導

さて、2019年初め頃に、すでに日本の企業収益は減益見通しに転じており、米国株価につり上げられることがなかったら、日本株はとっくに下落していたはずだったが、そうした日本の企業収益への懸念が2匹目の灰色のサイとして無視され、その無理が2020年に爆発して3月後半への株価下落につながった、ということを解説した。

大変お待たせしたが、ここでなぜ日本の企業収益はコロナ禍

のもっと前から悪化していたのか、という点をきちんと解説したい。2019年の企業収益の不振は、どちらかといえば製造業主導だった（非製造業の収益がとてもよく、製造業がきわめて悪かった、というわけではなく、両者とも冴えなかったが、どちらかといえば製造業が一段と不振だったということ）。業種別の企業収益の集計（予想値を含めて）は、主要な証券会社などが行っているが、たとえばSMBC日興証券の企業業績見通しレポート[50]によると、2019年度の経常利益は、全産業で20.3％減益だったが、うち製造業は27.7％減益、非製造業は16.1％減益だった。

## 国内製造業企業の収益を圧迫したのは、設備投資の減少では？

ではなぜ日本の製造業企業の収益が総じて悪化したか、という点だが、それは世界経済の動向が輸出を通じて日本企業に影響したためだと考えている。

まず世界経済の動向だが、この第２章の冒頭で、IMF（国際通貨基金）の経済見通しを述べた。その実質経済成長率をグラフで示す（図表２－21）。2020年の景気後退と、2021年の反動回復、といった予想は、前述のとおりだ。

ここで、2016年と2019年に注目していただきたい。その両年

---

50　2020年６月25日付「2020～2021年度の企業業績見通し」（SMBC日興証券）による。集計対象は同社が選定したNIKKO250の採用銘柄（時価総額が大きなものを選んでいる）で、全銘柄の時価総額の７割強をカバーするとされている。

図表2－21　世界の実質経済成長率見通し

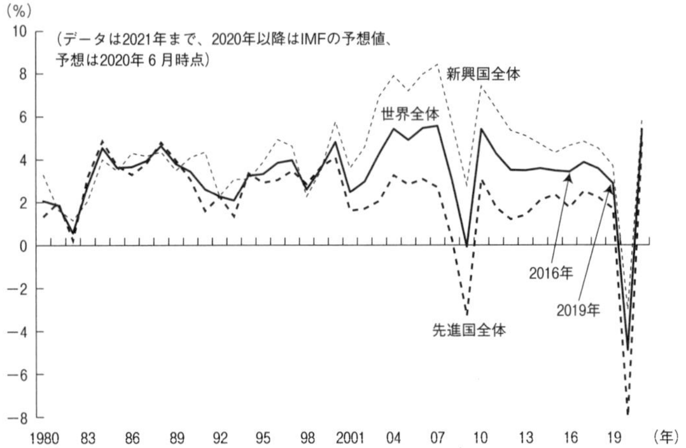


（出典）　IMF "World Economic Outlook"（2020年6月）よりBdフルーレット作成

は、世界の実質経済成長率のグラフは下がることは下がったが、下げ方はきわめて緩やかで、しかも成長率はプラスだった。つまり、少しだけ世界経済は減速した（景気拡大は続いたが、その拡大速度が少しだけ落ちた）にすぎない。

それに対して、世界の投資の金額の前年比をみてほしい（図表2－22）。ここで「投資」としているのは、企業が工場や店舗、事務所などをつくってなかに機械類などを据えつける等の設備投資、個人や住宅業者が住宅を建設する住宅投資、国や地方自治体が橋や道路などを建設する公共投資、の合計だ。しばしば「建設投資」という言い方がされるが、建設投資はこの3つの投資のどこかに含まれている。

## 図表2－22　世界の投資額（前年比）

（出典）IMF “World Economic Outlook”（2019年10月）よりBdフルーレット作成

実は、IMFは通常この投資金額の見通しも、全体の経済成長率の見通しと同じタイミングで改定するが、コロナ禍の混乱のためか、この投資金額のデータは、コロナ禍の前の2019年10月時点のものであって、改定されていない。このデータでは、2020年の投資金額は前年比で増加が見込まれているが、実際にはコロナ禍により、当然減少するだろう。

それはさておき、注目すべきなのは、前記の2016年や2019年は、世界全体の経済成長率の鈍化がわずかだったのに、投資の合計額は前年比で減少したことだ。これは、特に設備投資については、増やすかどうかは企業経営者の判断によるからだ。

2016年と2019年は、終わってみればそれほど経済は深刻な状況にはならなかったが、大変なことが起こるのではないか、との懸念は広がった。たとえば2016年は、年初に中国経済が不振だとの懸念が広がり、主要国の株価下落が大きく生じて、「世界同時株安」と呼ばれた。また同年６月に、英国でEU離脱を問う国民投票が行われ、離脱賛成派が多数となった（いわゆるブレグジット・ショック）。このため、英国のEU離脱で欧州経済の先行きがどうなるのかわからない、との不安が広がった。2019年は、米中間で通商摩擦が激化し、これが世界経済全般にも影響を及ぼすとの見方が広がったし、これまでのように中国に生産拠点を広げてよいのかどうか、という迷いを抱いた企業も多かっただろう。こうした不透明要因により、2016年と2019年は、企業が様子見に転じ、設備投資を抑制したと推察される。

こうした景気全般の成長率と投資の伸び率の乖離が、異なった影響を、貿易に与えた。IMFは世界全体の貿易量も集計し、見通しも公表している。こちらも同様にコロナ禍前の2019年10月時点のデータまでしか明らかになっていない。おそらく2020年の世界の貿易量は、前年比で大きく減るものと見込まれる。それは置いておいて、2016年と2019年の貿易量の伸びは、やはりやや低下はしたものの、プラスだった。これは、世界全体の実質経済成長率の動きと並行的だといえる。

しかし貿易量を日本に限ってみてみよう（図表２－23）。日本からの輸出の金額と数量の前年比をみると、直近のコロナ禍による大きな落ち込みは別として、2016年や2019年は減少してい

## 図表２－23　輸出金額と数量指数の前年比の動き

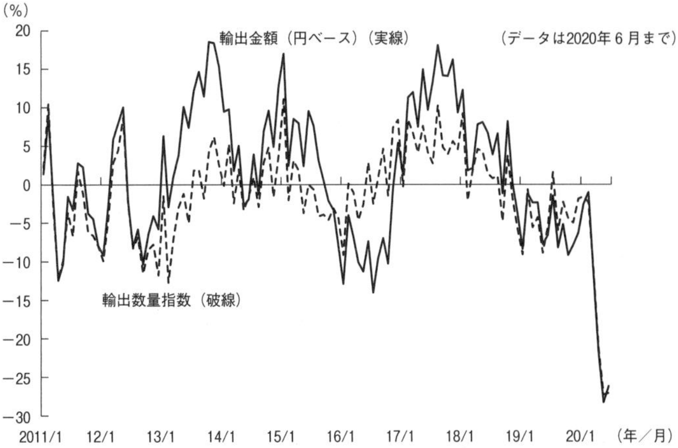


（出典）　財務省データよりBdフルーレット作成

## 図表２－24　日本からの輸出金額の品目別構成比

（％）

| | 2019年の金額構成比 | |
|---|---|---|
| 食料品 | 1.0 | |
| 原料品 | 1.3 | |
| 鉱物性燃料 | 1.8 | |
| 化学製品 | 11.4 | |
| 原料別製品 | 10.9 | |
| 一般機械 | 19.7 | うち原動機3.5％、半導体製造装置3.2％、金属加工機械1.4％、建設用・鉱山用機械1.5％ |
| 電気機器 | 17.2 | うち半導体等電子部品5.2％、電気回路等の機器2.4％、重電機器1.2％ |
| 輸送用機器 | 23.6 | うち自動車15.6％、自動車部品4.7％ |
| その他 | 13.2 | |

（出典）　財務省データよりBdフルーレット作成

る。この日本からの輸出の動きは、世界経済全体の成長率（および世界貿易の動き）ではなく、世界の投資の動向と似ているように思われる。

なぜ日本からの輸出が投資の増減と同様に動くかのカギは、日本の輸出構造にある（図表２－24)。2019年年間の輸出額の内訳をみると、分類別に最も比重が高いのは、輸送用機器（輸出額全体の23.6％）だ。このなかには航空機や鉄道車両なども入るが、自動車と自動車部品の合計で輸出総額のほぼ２割となる。

それ以外の分類では、一般機械と電気機器の比率も高い。こうした製品については、かつての日本企業は家電製品など消費財でも強かったものの、いまは消費財では中国、韓国、台湾などに圧倒的に押し負けてしまった。現在の機械・電機類の主役は企業向けで、設備投資・建設投資関連が多い。具体的には、半導体製造装置、金属加工機械（工作機械、プレス機械など)、建設機械、鉱山用機械、産業用ロボットなどや、そうした機械類を支える電子部品、機械部品などだ。つまり日本の製造業の輸出は、世界の投資が伸びればよいが、投資が落ち込むと打撃を受ける、といった、浮き沈みが激しい様相となっている。

この章で、米国経済について、2019年はManufacturing Recessionとでも呼べるような状況だったと述べたが、これも米国製造業の設備投資関連の機械類が、圧迫を受けたからだ、と推察される。

決して、日本の投資関連のモノづくりがだめだ、といっているわけではない。日本の設備機械類は品質の面で評価が高く、長期的に日本経済を支える柱の１つとして期待できるだろう。しかし、世界の投資に関連した需要は、経営判断の振れにより景気動向以上に大きく増減する傾向があるため、その波を日本の製造業が受けやすい、という点は、留意する必要があるだろう。

ちなみに、2019年初めから、すなわちコロナ禍の前どころか、2019年10月からの消費税引き上げよりさらに前から、企業収益見通しが減益に転じていたことを述べてきたが、マクロ経済における景気の山や谷は、日本では内閣府（旧経済企画庁の系譜）の経済社会研究所が主催する、景気動向指数研究会という専門家会議により、検討される。2020年７月に開催された同研究会において、2018年10月が景気の山で、それ以降、日本経済全体が景気後退期入りしていた、と暫定的に認定された。つまり、筆者の考えである、日本株が2019年に大きく上昇したのは、「日本の景気や企業収益の悪化という実態悪にもかかわらず、米国株の上昇に日本株がつり上げられていただけの過度の株高という、都合の悪い事実、灰色のサイを無視した、無理やりな株価上昇だった」との見解に、お墨付きが与えられたといえよう。

# 4 3月後半のパニックの発生と、その終息

## 灰色のサイが暴れ終わったから、株価は上昇へ

さて、筆者の考えである、2020年3月後半に世界の株価が大きく下落したのは、新型コロナウイルスの流行という想定外の出来事（ブラックスワン）が主な要因ではなく、市場がわかりきっているとして軽視した2つのリスク要因（灰色のサイ）である、1）米国株価の無理やりな割高さと、2）日本経済や企業収益が悪化していることに逆らっての、米国株価につり上げられての日本株の上昇、といった、「市場のゆがみ」が露呈したことが主因である、という点を述べた。またこうした一時の無理やりな日米株の上昇は、投資家心理としてはバブル的であった、ということも指摘した。つまり3月後半にかけての株価下落は、バブル崩壊だった、という見立てだ。

ここで3月までの株価下落から先に話を進めて、3月以降、特に6月初めまでの主要国の株価の戻りを考えると、コロナ禍にもかかわらず株価が上昇するのはおかしい、という声がきわめて多い。どうしてそういう考え方になるかといえば、3月まで株価が下がったのはひとえに新型コロナウイルスの流行のせいだけである、という解釈にとらわれてしまっているので、まだコロナウイルスの流行が終息していないのに、株価が上がる

のは理解できない、という論理に陥ってしまうからだ。

そうではなく、米国株も日本株も大きく下がって、米国株のPERでみた割高さはいったん解消したし、日本株もPBRでみて十分な水準まで下押ししたから、すなわち２匹のサイは暴れ終わったから、その先は株価が上がってもいいだろう、という発想であれば、３月以降の株価上昇はまったく不思議ではない。もしくは、２月辺りまでの投資家心理のバブルが崩壊したのだから、バブル崩壊が終焉した後は株価上昇でいいだろう、ともいえる。

こうした見解は、第２章でこれまでさまざまな角度から繰り返し解説した。ここから先は、他の要因を分析することで、３月以降の株価上昇が支えられてきた背景を、点検してみよう。

## ３月後半は、株式市場ではリーマンショック時を上回るパニックだった

まず、３月後半には市場でパニックが広がり株価が大きく下振れしたが、そのパニックが終息したので株価が戻った、と考えている。そのようにパニックが広がり終息した、という点が、どのようなデータで確認できるのか、みていこう。

米国株式市場の動揺は、VIX指数というデータで推し量ることが多い。これは、S&P500指数が、今後どの程度上下に振れるかの、投資家たちの見通しを数値化したものだ。どうやって、その投資家たちの頭のなかにある「振れ度合いの見通し」が測定できるかというと、S&P500指数のオプションが、取引

されている。ここで、オプションが何かは、きちんと解説しているときわめて長くなるので、それ自体は本著では語らないこととする。オプションを説明している書籍あるいはネット上の解説をご覧いただきたい。

このオプションの適正価値を測る公式がある[51]。その公式にはいくつかの変数を入力することになるが、その数値の１つに、原資産（オプションのもとになる資産、この場合はS&P500指数）の先行き想定される振れ度合い（波乱度合い、標準偏差という数値で測る）がある。つまり、投資家たちが想定する振れ度合いがあって、それをもとにオプションの価格が形成されている、という考え方だ。ここで、実際のオプションの価格は、市場での売買により値段がついている。したがって、実際のオプションの価格から、公式を使って、投資家たちの想定する振れ度合いが逆算できる。そうして得られた振れ度合いを、VIX指数というかたちで表している。

このVIX指数が高いと、投資家たちが将来のS&P500は大きく上下に振れる、と考えていることを示す。逆に低いと、S&P500は今後あまり波乱を生じない、と考えられていることになる。

通常、VIXが高い時は、株価が下落する傾向にあるとされており、このためVIX指数を「恐怖指数」と呼ぶことがある。定義上、VIXが高いということは、投資家がS&P500指数は「上

---

51　ブラック・ショールズの方程式（Black-Scholes equation）と呼ばれる。

下に」大きく振れると考えていることになるので、株価が暴落するだけではなく、暴騰する可能性も高い、と見込んでいることを意味する。それにもかかわらず、VIX指数の上昇が株価の下落を意味すると解釈されている理由は、過去の株価指数の動きをみると、上昇傾向にある時はあまり指数が上下動をみせずに穏やかに上がり、下落傾向にある時は上下に振れながら激しく落ちる、ということが多いためだとされている。

このVIX指数は、コロナ禍を受けて、週平均値では[52]2020年3月20日に74.62という水準に達し、リーマンショック直後(2008年11月21日の72.92)を若干ながら超える高水準まで跳ね

図表2－25　VIX指数の推移

(出典)　FactSetよりBdフルーレット作成

52　週平均値(月～金の平均値)なので、その後に述べている数値は、日々の最高記録とは異なる。

上がった（図表２－25）。つまり、リーマンショック並みの米国株式市場の混乱だったといえるだろう。

その後のVIX指数は急低下し、株式市場に落ち着きが戻っている。

## 市場に混乱をもたらした２つの要因

では、こうしたVIX指数の急上昇に示される、一種のパニックをもたらした要因は、何だったのだろうか。それは、主に2つあったと考える。

１つは、新型コロナウイルスの流行が本格化し始めた頃は、それによりどの程度経済や企業収益が悪化するのか、まったくその度合いがわからなかった、ということだ。市場は通常、不透明感を最も嫌う。悪いなら悪いなりにその度合いがある程度みえれば、「ここから下は株式は買い、それより上は売り」といった判断がつく。逆に悪影響の度合いがみえないと、売買の手がかりがなく、価格変動のおそろしさから株式をすべて売却してしまおう、といったような、パニック的な投資行動に出てしまいがちだ。

コロナ禍が深刻化していく過程で、著しく悪化した経済指標が発表されていった。特に米国の雇用統計は、主要な経済統計のなかで公表される時期が早く、雇用は米国の個人消費をみるうえできわめて重要なため、注目されていた。新型コロナウイルス流行の直撃を最も大きく受けた雇用統計は、2020年４月分であった。この月の非農業部門の雇用者数は、前月比で2,050

万人もの減少幅となり[53]、史上最大の減少を記録した。失業率は２月に3.5％と、直近50年ほどの間での最低水準で、雇用市場の好調さを示していたが、３月に4.4％に上昇した後、４月は14.7％に一気に悪化した。

ところが、この内容がきわめて悪い４月分の雇用統計が発表されたのは、2020年５月８日のことであったが、同日のニューヨークダウ工業株指数は、前日から455.43ドル幅（1.9％）上昇した。

コロナ禍を受けて、悪い内容の経済指標が発表されれば、株価は大きく下がるに決まっているはず、と決めつけていた市場関係者たちは、「雇用統計が悪いのに株価が上がるのは間違っている」などと不満をもらしたのみならず、なかには「雇用統計自体が間違っているのではないか」との八つ当たりを唱える向きもあったようだ。

しかし、事前に市場が、「コロナ禍でどのくらい雇用者が減り、失業率が跳ね上がるのか、まったくわからず、株式に投資できない、いったい雇用者の減少幅は、1,000万人なのか、それとも3,000万人なのか」と、一種のパニックになっていたところ、実は2,000万人強の減少だったと、具体的に数値で示された。それにより、経済が悪いなら悪いなりに投資行動をとることができ、それがその日の株高に表れたと解釈すれば、まったく不思議はない。つまり市場は、「不透明なことによるパニ

---

53　その後、データが修正され、2,079万人の減少幅と改定されている。

ック」より、「数値で具体的に示された着実で大幅な悪化」のほうが、「まし」だと判断するわけだ。

## 資金繰り破綻の懸念が台頭

２つ目の、パニックを引き起こした要因は、資金繰りによる企業破綻の懸念が広がったことだ。ある企業が、ずっと大幅な黒字を帳簿上あげており、実際の手元資金もある程度厚い、という場合でも、たまたま工場建設の工事代金の支払とか、従業員の給与支払、あるいは過去に借りていた比較的金額の大きい借入金の返済など、ある特定の短期間に現金の支出が重なることはある。そしてそのタイミングが、売上代金の回収など、資金の受取りの日程とずれており、たとえば、目先に支払わなければならない現金のため、まとまった資金を借りて、数日して返済して乗り切る、ということは、日常茶飯事にある。

ところが、今回のコロナ禍のような事態が突発的に起こると、一部の企業の売上げが、あっという間に消えうせる（外食産業やホテル、空運会社などのように、一気に売上げが消えることが生じる）。すると、入るはずの資金がある期間に激減し、一方で支払スケジュールは変わらなかったりすることがある。この場合、どこかから資金を借りないといけないが、通常の状況ならいざしらず、あちこちの企業が破綻する可能性が高く、いま、資金をだれかに貸すと返ってこないかもしれない、という恐怖が広がると、実際には健全な企業で、たまたま向こう数日だけタイミング悪く資金が必要なだけなのに、その資金繰りがつかず、突然破綻するかもしれない。

こうした突然の資金繰り破綻は、事前にはわかりにくい。前々からずっと赤字を続け、経営が傾きそうな企業であれば、十分な時間をかけてその企業の株式や社債を売り逃げてしまえばよい。ところが、突然の破綻が生じるおそれが強まり、しかもどの産業のどの企業でも資金繰り破綻が否定できないという事態に陥ると、企業が発行した株式や社債を保有している投資家は、パニックに陥る。その結果、ほぼすべての企業の状況が信用できなくなり、全面的な株式や社債の売りに市場が包まれてしまう。こうした極端なパニック心理が、リーマンショックを超えるVIX指数の上昇を引き起こしたのかもしれない。

3月後半の米国株価の下落が、こうした極度のパニックを反映したものであったとすれば、極度の不安がさらなる極度の不安に進む、ということは起こりにくい。そのため、自然体で3月後半以降の株価がパニックが薄らぐかたちで回復した、という考え方は、うなずけるだろう。

## 債券市場も金価格も、一時は大混乱

さて、コロナ禍により、経済動向の先行きがまったく不透明になり、企業の資金繰り破綻不安も大きくふくらんで、米国株式市場がパニックに陥り、VIX指数が跳ね上がった、と述べた。しかし、そうした極度の混乱が生じたのは、決して株式市場だけではなかった。

米国企業の株主資本主義の影のところで、企業が社債をおおいに発行してその資金で自社株買いを進めていた、と述べた。また、そのように企業が多額の社債を売って資金を借りることができたのは、多くの投資家がより高い利回りを求めるという、いわゆるイールドハンティングを進め、国債より格付が低くリスクが高いが利回りも高い、社債の買いに走ったからだ、と述べた。そうした行き過ぎた投資家の社債買いの表れとして、図表2－7と図表2－8では、2020年初め頃まで、BBB格債やそれより格付が低いジャンク債の利回りが、国債の利回りに接近していた（それらの社債の価格が押し上げられていた）ことを示した。

その図をあらためてご覧いただくと、その後株価の下落と平仄をあわせるように、3月後半にかけてグラフが跳ね上がっている（社債価格が暴落している）。社債利回りと国債利回りの差の開き度合いは、図中に記してあるリーマンショック時と比べれば小幅だが、かなり急速な動きだ。社債を発行している企業が資金繰り破綻すれば、社債の償還や利払いを満額受け取れないかもしれない、との懸念が、投資家の間に広がったのだろう。ただしその後はこうした社債市場のパニックは、峠を越している。

売り込まれたのは、社債だけではなかった。米国国債は、債券のなかでは最も信用リスク（償還金や利払いが予定どおりなされないリスク）が低いとされており、一種の「安全資産」だと解釈されている。また、コロナ禍のように、経済が悪化する局面では、中央銀行が金融緩和策をとって短期金利を下げたり資金を散布し、その資金が長期国債に流れ込んだりするので、通常は国債は買われていく。こうした国債価格の上昇（利回りの低下）が生じるのは、その他の要因としては、不安から株式を売却した投資家がその資金を国債に振り向ける、といったことが考えられる。また、景気が悪化して、消費や投資を資金を借りてまで行おうという家計や企業が減少し、資金の需給が緩んで金利全般が下がる、などなど、多くの要因があげられる。

ところが、そうした通常の金利低下の流れに沿って、2020年３月９日には10年国債利回りは一時0.38％まで低下（価格は上昇）したが、そこから同月18日には利回りは1.27％まで跳ね上がった。こうした国債価格の下落は短期間であったものの驚きを呼んだが、そうした価格下落を引き起こした要因としては、資金繰り不安から手持ちの国債を売却して現金を用意する向きが増えた、あるいはそうした行動をとる投資家がいるだろうという思惑で、それによる価格下落に乗じようとの投機筋の国債売りがかさんだ、などが想定される。いずれにせよ、資金繰り不安の広がりが、長期国債価格まで揺るがすといった、パニックの様相であったといえる。

この国債利回りも、その後は落ち着いて推移しているため、一時のパニックは峠を越したといえる。

このように、安全資産だとみなされているものが一時的に売り込まれたのは、米国長期国債だけではなかった。金はしばしば、安全資産だといわれる[54]。それにもかかわらず、３月後半に一時的に価格が大幅な下振れをみせた（図表２－26）。これも

図表2－26　金先物価格の推移

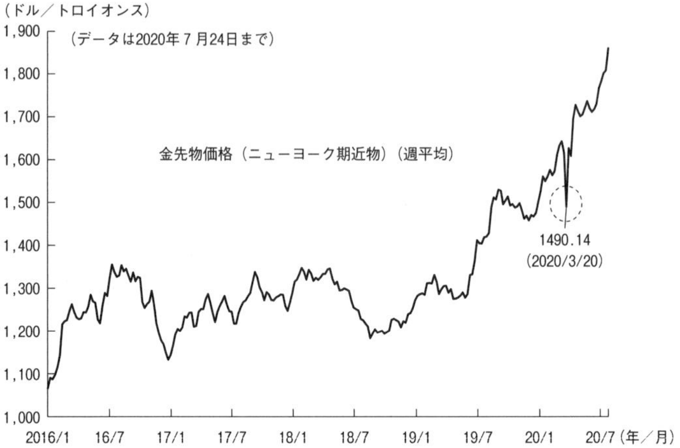


（出典）　FactSetよりBdフルーレット作成

米国国債と同様に、金を売却して現金を手元に置こうとの需要が生じた、あるいはそうした需要を期待した投機的な売りがかさんだ、ということで、同様に市場におけるパニックの高まり

---

54　ただし、筆者は金が安全資産だとは、まったく考えていない。たしかに、戦乱などで難民になる、などの場合は、金は通常の通貨と違って亡命先の異なる国で換金できる可能性が高く、そこまでの事態になった際の生活の支えになる可能性はある。そういう意味では「安全資産」といえるだろうが、通常の場合の投資対象として考えると、金価格は変動するものであり、配当や利払いもなく、少しも安全（損を被りにくい）資産ではない。「実物資産だから頼りになる」との声はあるが、銅や鉄のように、多くの工業製品などに用いられ、その製品に対する需要が強ければ、最終需要が原材料としての銅や鉄の価値を支える、とはいえる(銅や鉄そのものを、最終需要家が欲しているわけではない)。それに対して、金は工業製品の原材料としての用途は狭い。「金は希少だから価値がある」との声もよく聞くが、希少でも価値がないものは、いくらでもあるだろう。

を表していると解釈できる。

## 外国為替市場では、一時「米ドル取り」の動きが波乱を引き起こした

2020年３月後半の市場の混乱は、株式、債券、国際商品の各市場だけではなく、外国為替市場にも広がった。生じた現象は、米ドル高であった。

ただ、多くの日本人にとっては、「ドル相場」と聞けば、米ドルの対円相場しか思い浮かばないだろう。そうしたイメージでは、当時「ドル相場」にそれほどの波乱があったという実感は乏しかったと思う。

ただ、「米ドル相場」とは、米ドルの対円相場だけではない。米ドル対ユーロ、米ドル対英ポンド、米ドル対豪ドル、米ドル対ブラジルレアル、米ドル対トルコリラ、などなどが、ことごとく米ドル相場だ。すると、米ドルが多くの通貨に対して、総じて上昇しているのか、下落しているのかは、米ドル対円相場をみているだけではわからない。

そうした多くの米ドル相場を合成して、全体として米ドルが強いか弱いかを示すデータは、いろいろな主体により算出されている。こうした米ドル相場の一種の平均値（たいてい、米国とそれぞれの国の間の貿易量などを用いて、加重平均されている）を、（名目）実効レート（米ドルの実効相場）と呼ぶ。

こうした米ドルの実効レートのうち、米連銀が算出しているものをみてみよう（図表２－27）。グラフの線が２つあるが、実

図表2−27　米ドルの名目実効レートの推移

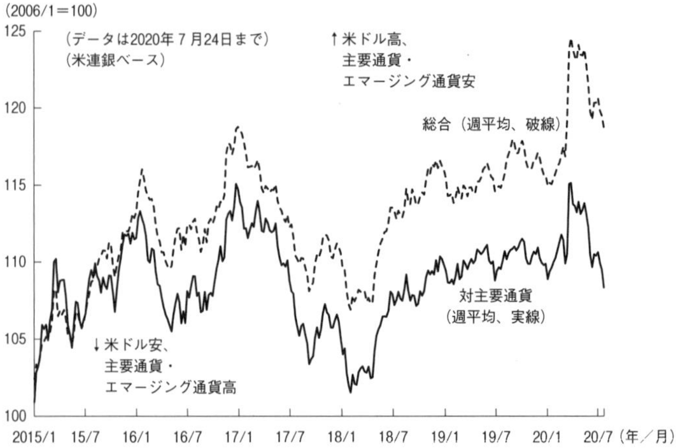


（出典）　FactSetよりBdフルーレット作成

線は実効レートのうち対主要通貨指数（advanced foreign economies index）と呼ばれるもので、先進国の主要7通貨[55]に対する米ドル相場を合成したものだ。このグラフが上にいくほど、米ドル高、他通貨安、ということになるが、特に2020年3月後半は、対主要通貨の米ドル実効レートが上振れしている。

また、破線は、主要7通貨に、それ以外の19の通貨を加えた、26通貨に対する米ドル実効レートで、総合指数（broad index）と名付けられている[56]。その19の通貨は主に新興諸国通

55　具体的には、ユーロ、カナダドル、日本円、英ポンド、スイスフラン、豪ドル、スウェーデンクローナの7つ。

56　述べたように、実効為替レートは多くの通貨レートの加重平均値（ウエイト付平均値）であるが、総合指数のうち、対主要通貨指数は、ウエイトで48.3％を占める。

貨になるが、こちらも2020年３月の上昇が顕著で、前述の対主要通貨指数より上振れの度合いが大きい。

つまり、米ドルは、対主要通貨で2020年３月に向けて上昇して推移したが、それ以上に対新興諸国通貨で大きな上昇となった（新興諸国通貨が対米ドルで大きく下落した）ということが示されているわけだ。

こうした米ドルの上昇が生じた背景は、長期的な見地と短期的な見地から考えられる。やや長期的な展望では、米ドルの実効レートの上昇傾向は、おおむね2018年初め頃から続いてきた。これは、投資家が米国株価や米国債券への投資を選好したからだろう。たとえば先進国同士で比べると、日本や欧州に比べて当時の米国の経済成長率が高めで、それが株価を押し上げ金利を支えて、相対的に米国への投資を魅力的にしていた。新興諸国については、やはりリスクの高さがあるため、世界の投資家が米国への投資を選びがちとなり、それが米ドルの需要を強めて米ドルの実効レートを押し上げたと推察される。

そして短期的な見地では、2020年３月後半にかけての米ドル実効レートの急騰が目を引く。これは述べたように、コロナ禍により、米国内で資金繰り不安が生じ、現金を手元に抱えようとの動きが生じた、あるいは生じるだろうとの思惑が広がったわけだが、資金繰りに対する不安がふくらんだのは、米国以外の諸国でも同様だ。そうしたなか、米ドルは、国際的な貿易の決済や金融証券取引で最も使われる。したがって、米ドル建ての資金が貿易や金融取引で必要になった際に、その資金が借りられないと困るから、いまのうちに手元の米ドル以外の通貨を売って米ドルを買おう、という、やはりパニック的な動きが外国為替市場で広がった（ないし、広がるだろうとの思惑をもとに、投機筋が米ドルを買い上げた）のだろう。

しかしそうしたパニック的な動きは、株式や債券、国際商品などのパニックが峠を越したこととまったく並行的に、ある程度の落ち着きに向かっている。

ちなみに、こうした2020年3月にかけての米ドルの急騰とその後の反落は、述べたように、米ドルの対円相場からは、あまり感じられなかった。もちろん、米ドル円相場がまったく無風だったわけではなく、3月上旬に101円に迫っていた（米ドル安・円高になっていた）市況が、3月後半には112円に迫るといった、短期的な（半月くらいの期間での）10円幅を若干超えるような米ドル高が生じていた。しかし、そのすぐ前の2月後半に、一度米ドルが112円を上回った局面があり、その高値を3月に超えたわけではない。

このように、米ドルの対円相場が上下動にとどまったともいえるのは、各市場でパニック的な様相が強まり、米ドルが買い上げられた時には、少し前で述べたような理不尽な「リスク回避のための円高」が同時に生じたためだろう。つまり、米ドルと円の両方が他通貨に対して買われたため、結果として米ドル円相場の動きが限定的になったのだと考えられる。

さて、以上のように、株式市場、債券市場、国際商品市場、外国為替市場における、2020年3月後半に至るパニック的な様相を並べてきた。その際の株価の下振れが、そうした全面的なパニックによるものであれば、パニックがある程度峠を越せば、そこから株価が上昇しても、まったくおかしくはないだろう。

なお、こうしたパニックの沈静化は、自然体で生じたものではなく、政府や中央銀行による政策が効果を表した点もあった。それは、もう少し後で述べよう。

# 5 世界経済が、コロナ禍を経て持ち直している

## 米国のハードデータとソフトデータが、2020年４月を底として回復

2020年３月後半以降、主要国の株価が上昇基調に転じたのは、これまで述べてきたような背景要因だけではなく、実にオーソドックスに、主要国の景気が底入れし持ち直してきたことも、大きく作用していると考える。経済が回復し企業収益が改善に転じれば、株価が上昇するのは、当たり前過ぎるといえる。

まず、米国の経済データからみてみよう。図表２－28は、米国の主要な経済指標を、４つ表したものだ。いずれも、2020年４月が最悪期であり、その後は、それぞれのデータによって戻り度合いは異なるものの、回復を示している。なお、このグラフにあるような、実際の生産量や販売高などの経済動向を推察したデータを、ハードデータと称する。

経済データには、ハードデータのほかに、ソフトデータと呼ばれるものもある。これは、アンケート調査などにより、企業や家計の考え方（主として景況感）を尋ね、それを集計したものだ。景気の「気」は気分の「気」ともいわれるが、企業や家計の景気に対する見解が明るくなれば、消費や投資に資金を回すものだ。

**図表２－28　米国の主要経済指標の推移（季節調整済値）**

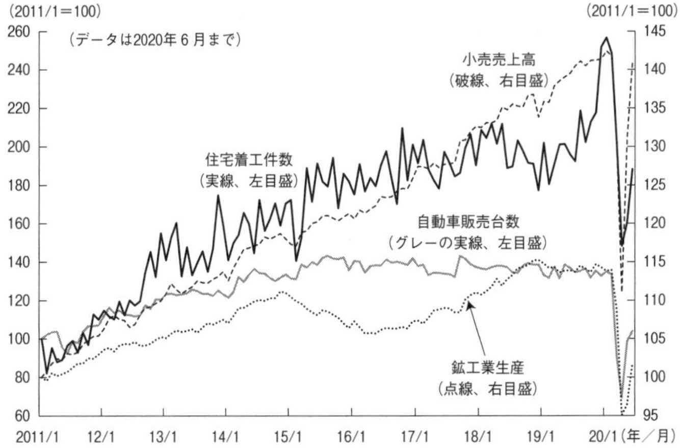


（出典）　諸データよりBdフルーレット作成

米国のソフトデータについてもみてみると、企業の景況感を測るISM指数については、米国のManufacturing Recessionのところで、最近までの悪化について、詳しく述べた。そのISM指数も、４月を底として回復を示している（前掲の図表２－10）。ちなみに、ISM製造業指数から非製造業指数を引いた差も、やや持ち直しを示している（前掲の図表２－11）。ただ、通常は、差が上に向かう時は、製造業の業況感が非製造業より大きく持ち直している場合だが、2020年３月の回復は、通常のパターンどおり、製造業の業況感が大きく回復しているというより、コロナ禍により、外食や旅行関連（空運、宿泊など）、イベント関連といった、非製造業が製造業以上に打撃を受けた、という、今回に限った特殊要因が大きい。その点で、これから製造業と非製造業のそれぞれの景況感が改善しながら差が上に向かうかどうかを、注視すべきだろう。

米国の家計についてのソフトデータについては、家計心理を示す、消費者信頼感指数（コンファレンスボード作成のもの）[57]が代表的だ。こちらも4月が最悪で、その後は傾向的には回復している（7月分以降の同指数は小休止）。

## 日本のハードデータの回復は、米国より遅れているが

日本のハードデータの回復は、米国より遅れている。雇用関連の指標である失業率は、2020年5月になっても上昇していた（図表2－29、失業率は上下が逆さまになった軸で示しており、グラフが下に向かうのは、失業率が上昇して景気が悪いことを示す）。6月分は前月比0.1％幅失業率が改善（低下）したものの、まだ予断は許さない。残業と休日出勤の時間である、所定外労働時間は、前年比で大きく落ち込み、仕事量が大幅に減少したことがうかがえる。

なお、失業率は低下するほど景気がよく、所定外労働時間は増えるほど景気がよいことを表すので、筆者は2つのデータから、「雇用元気指標」をつくってみた。計算式は、

雇用元気指標＝所定外労働時間前年比－失業率前年差×20

で、失業率の変化だけを20倍しているのは、2つのデータの振

57　同種のデータでは、このほかに、ミシガン大学による消費者態度指数も注目度が高い。

## 図表２－29　所定外労働時間と失業率の推移

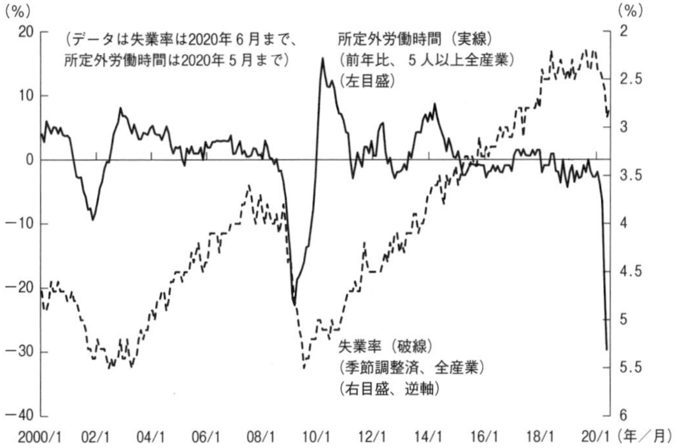


（出典）　厚生労働省「毎月勤労統計調査」、総務省「労働力調査」よりBdフルーレット作成

## 図表２－30　「雇用元気指標」の推移

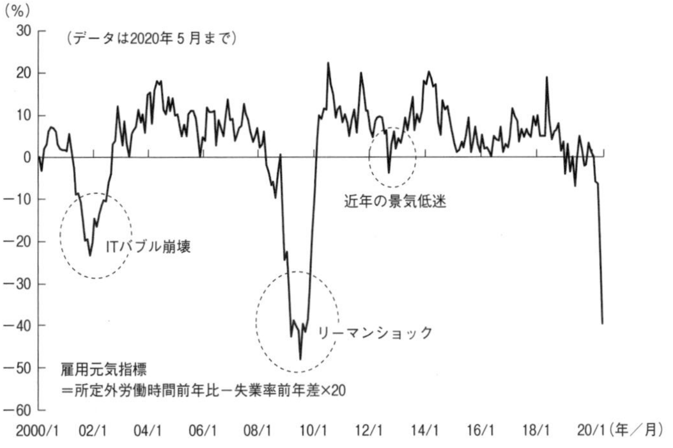


（出典）　厚生労働省「毎月勤労統計調査」、総務省「労働力調査」よりBdフルーレット作成

## 図表２－31　鉱工業生産の推移

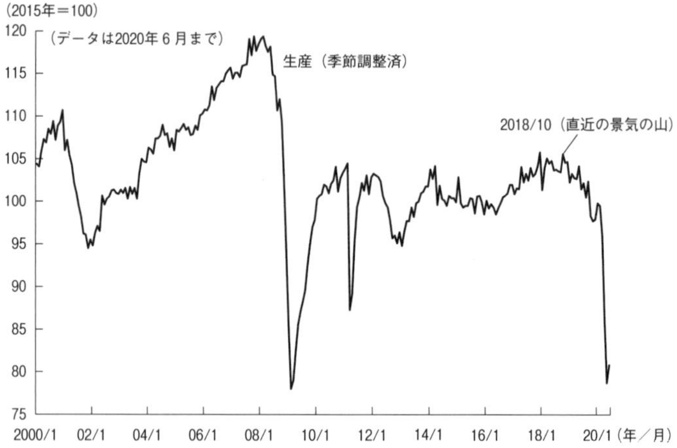


（出典）　経済産業省データよりBdフルーレット作成

## 図表２－32　消費者態度指数の動き

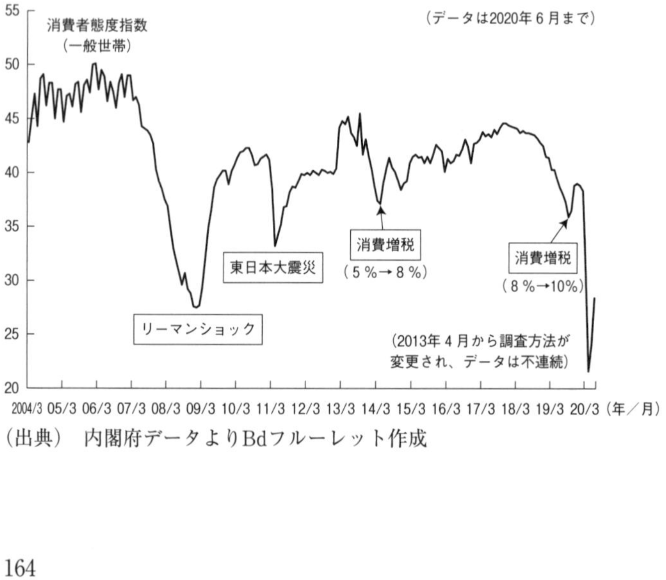


（出典）　内閣府データよりBdフルーレット作成

れ幅の違いを調整するためだ。この雇用元気指標は、不況時には悪化しマイナス圏に突入している（図表２－30）。2020年５月には大きな落ち込みをみせており、その程度はリーマンショック時に近い。

企業のハードデータである、鉱工業生産は、やはりリーマンショック時と同様の水準に落ち込んだ（図表２－31）。ただし、６月分は５月分よりも上昇しており、５月が最悪期であったとの希望は残っている。

一方、日本のソフトデータには、明るさが早めに表れている。家計の景況感を示す代表的な指数は、消費者態度指数だが（図表２－32）、４月が最悪期でその後回復している。

また、日本独自のソフトデータで、景気ウォッチャー指数といったものがある。「ウォッチャー」（watcher）とは、景気を「見ている者」という意味になるが、経済活動の最前線で働いている、小売店の販売員や、レストラン、スナックなどの経営者、タクシーの運転手、テーマパークの職員、人材派遣会社の社員など、景気動向を肌身で感じやすい人たちへのアンケート調査に基づくものだ。こちらも、景気の現状についての判断である現状判断DI、先行きの景況感を表す先行き判断DIともに、2020年４月が最悪期で、そこから改善している（図表２－33）。

企業の景況感を示すソフトデータについては、日銀短観の業況判断DIが参考になる（図表２－34）。こちらは四半期ベースのデータで、2020年６月調査分の「最近」の景況感は３月調査時より悪化したものの、先行きの景気判断を尋ねている「先行

## 図表２－33　景気ウォッチャー調査の結果

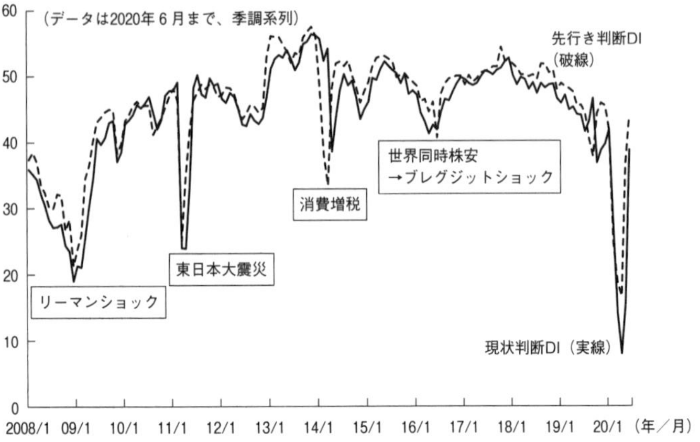


（出典）　内閣府データよりBdフルーレット作成

## 図表２－34　日銀短観業況判断DI（最近）の推移

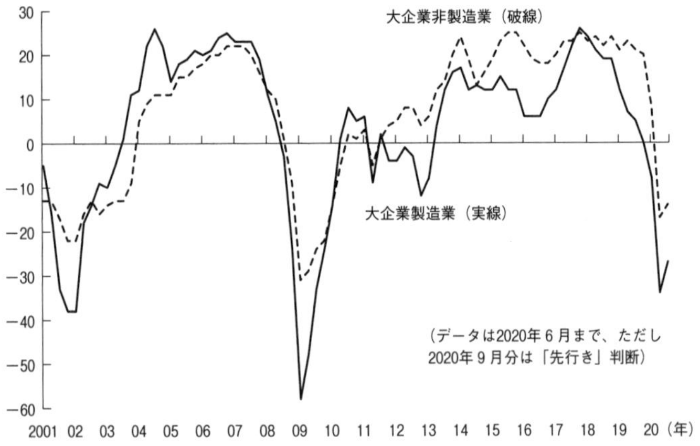


（出典）　日銀短観よりBdフルーレット作成

図表２－35　日銀短観業況判断DIの差の推移

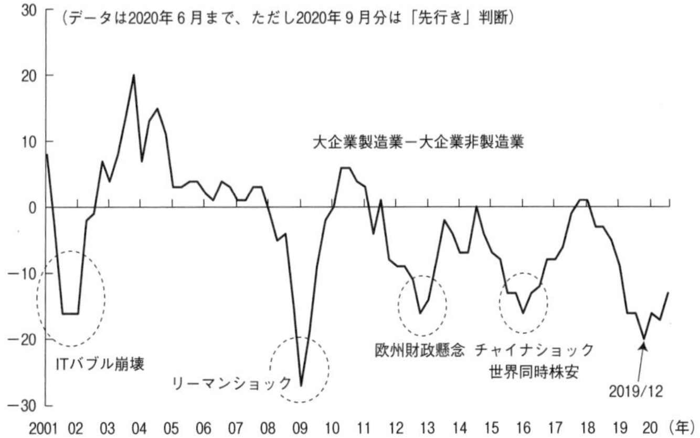


（出典）　日銀短観よりBdフルーレット作成

き」の景況感（グラフ中では、2020年９月の時点としてプロットしている）は改善していることが示されている。

また、この章で、米国で企業の業況感を示す、ISM指数の製造業から非製造業を引いた数値を紹介した。それと同様に、日銀短観の業況判断DIの大企業製造業から大企業非製造業を引いた数値（図表２－35）は、2019年12月調査を底として上昇基調だ（グラフ中で2020年９月にプロットしている点は、同年６月調査の「先行き」判断）。2019年が底であった、ということは、前述のように、日本の製造業が、新型コロナウイルスの流行の前から不振であり、日本経済全般としても冴えなかったことを示している。

その後コロナ禍を越えて、グラフは持ち直しの兆しをみせているわけだが、ただしこちらも、米ISM指数の差を考えた場合と同様に、コロナ禍で大きく打撃を受けたのは非製造業である、という点も頭に置く必要はあろう。

## 景気改善が、短期的に息切れするおそれはある

こうした日米等の景気回復は、長期的な傾向として続くと予想しているが、短期的にいったん一服し、回復の勢いが鈍化するおそれはある。

そのように、短期息切れを懸念する理由はいくつかあるが、まずいまの消費の戻りに、いわゆる「リベンジ消費」の様相があることだ。ここでリベンジ（復讐）といわれているのは、外出規制（ないし自粛）期間に思う存分、外食や行楽などが楽しめなかったため、可能になってからその分を取り返すように楽しもう、という行動を指している。ある程度うっぷん晴らしがすめば、そうした消費の戻りは一巡するおそれがある。

また、消費の回復には、「代替消費」の側面もあると推察している。日本のバブル期に、日産の高級自動車である「シーマ」の人気が高まり、「シーマ現象」と呼ばれた。高級自動車の売れ行きが好調だったとは、やはりバブル期は皆がお金を使ったのだ、と思う読者の方は多いだろうし、そのような景気がよかったという要因があったことは否めない。ただ、実際には、以前から不動産を保有していればバブルで儲かったが、バブルになってから不動産を買おうと思っても高値で手が出ず、不動産を買うつもりだった資金を不動産の「代替」として高級

自動車に振り向けた面があった、ともいわれている。ある意味、不動産が高過ぎて買えない「うっぷん」を、シーマの購入で晴らしたのだろうか。

コロナ禍における消費も、海外旅行に行けないため、海外旅行に充てるつもりだったお金で、他の高額品を代替として購入しているのかもしれない。とすれば、ある程度代替が一巡してしまえば、そうした消費が一服するおそれがある。

最後に、消費や企業の支出の戻りは、政策に支えられている面がある。日本でも10万円の特別給付金が配られた。米国では、失業保険は州政府の管轄だが、時限措置として、新型コロナウイルスの流行による影響で失職した場合（おそらくほとんどの人が、本当はコロナ禍と関係ない失業でも、コロナのせいにしているだろうが）は、連邦政府（国）が週当り600ドルを７月末まで失業保険給付に上乗せしていた。本稿執筆時には、そうした時限措置を復活するかどうか、あるいは別個の補助金などを出すのかなど、米議会が議論している最中であり、不透明だが、主要国で時限措置を打ち切らなくても縮小する動きが広がれば、政策が経済を回復させる力が衰えることはありうる。

## 「第二波」の不透明さ——第二波と第一波をどう比べるか

ただ、そうした短期的な景気回復の一服があっても、深刻な再後退のおそれは限られており、中長期的には世界経済全般は、緩やかな持ち直し[58]を続けると考えている。

それは、新型コロナウイルス感染症に対する治療薬（新薬あるいは既往症に対する薬の転用）もしくはワクチンの開発にかかっている点もあり、先行きの不透明さは残る。それでも、時間がある程度かかっても、足元の医療技術をふまえると、2021年までにはそうした医学的な対応が進むと期待している[59]。

ただ、そうした見方に対して、新型コロナウイルス「第二波」の懸念は根強い。新型コロナウイルスの再流行が大きく生じるのかどうか、生じた場合、第一波と比べてどの程度の感染者数や重症者数、死亡者数の増え方になるのかについては、筆者はその分野の専門家ではないので、まったくわからない。

とはいっても、経済や市場への影響という点に限れば、第二波が、第一波をはるかに凌駕するような流行の度合いとならない限り、第一波で落ち込んだ経済活動のその後の回復基調を、覆すことにはなりにくいと考えている。というのは、家計も企業も第一波の経験があるからだ。

当然のことながら、第二波が軽微、あるいはできればほとんどないほうが好ましいし、逆に第二波が大規模なものとなれば、その経済や市場への悪影響は生じよう。それでも、第一波の経験で、家計（個人、消費者）は、感染を避けるため、どういう行動をとればよいか、つかめている。

---

58 急速な景気再拡大も見込みにくく、コロナ禍前の経済活動の水準を世界的に回復するのは、2021年終わり頃になると予想している。つまり、長いだらだらとした景気持ち直しとなるだろう。

59 筆者は医者でも疫学者でもないので、そうした見通しについて、根拠をもって裏付けられる確証をもっているわけではない。

たとえば、個人は、外出できないならネット娯楽を楽しもう、などの過ごし方にも慣れている。企業も、第一波の時はリモートワークなど取り入れたことがない会社が、対応に追われたが、いまはシステム上の対応などがある程度整っている。売上げの防衛も、たとえば外食企業でどのようにデリバリーやテイクアウトに力を入れればよいか、音楽産業でライブができないなら無観客ライブ配信をどうやればよいか、そのノウハウなどが流行第一波で得られている。

それでも売上げなどは、第二波がないほうがはるかにましで、すべてをノウハウで挽回できるわけではない。このため、もちろん第二波の経済への悪影響は大きくはあるが、第一波で家計も企業も先行きのあまりの不透明さに右往左往したことと比べれば、第二波の流行がそれなりに厳しいことになっても、景気の下振れが第一波を超えて悲惨になる可能性は低いと考えている。すると、主要国の株価なども、2020年３月の安値を底抜ける公算はきわめて限られていると予想される。

## ドイツや中国は？

以上、日米の経済について、底入れの動きを述べた。本著は、世界の多くの国の経済指標の動きを網羅することが目的ではないので、後は欧州の経済的な中心であるドイツと、アジアの経済大国である中国について、ごく簡単に触れるだけにとどめたい。

ドイツの代表的なソフトデータは、IFO経済研究所[60]が発表している、IFO指数だ。これは、米国のISM指数と同様に、企業の景況感を測るものだ。この指数は内訳も含めいくつかあるが、現在の業況感を推し量る現状判断指数、企業の先行きの景気の期待を測る先行き判断指数と、その２つを合成した総合指数が代表的だ。総合指数は2020年４月が最低値で、リーマンショック時を下抜けた（図表２－36）。しかしそこから、５月、６月、７月と持ち直している。現状判断指数、先行き判断指数も、７月に向けて改善がみられる。

中国については、中国の経済統計をみるより、他国の経済データから、中国の景気動向を推し量ることが有用だと考え

図表２－36　IFO指数（季節調整済）の推移

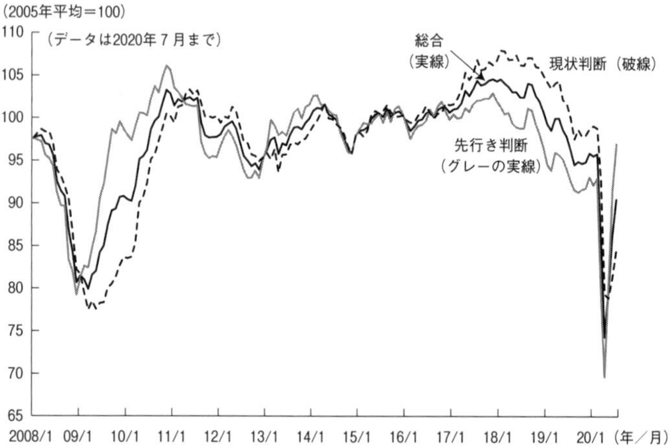


（出典）　IFOよりBdフルーレット作成

60　在ミュンヘンの、経済調査や政策研究を行う、非営利の研究機関。ドイツの６大経済研究所の１つとされている。

る。というのは、中国は国土が広く人口が多いにもかかわらず、統計の発表が早く、実態を隅々まで統計が示しているかどうか、疑念を抱かれても仕方がないと考えるからだ。

そこで、豪州から中国向けの輸出額をみてみよう。豪州にとっては、中国が仕向け国先別で最大の輸出先であり、2019年年間の総輸出額の37.9％が中国向けだ。国別の第２位は日本向けだが14.4％と中国向けの半分以下なので、中国の経済の動静が、豪州からの輸出に影響を与える。

その中国向けの輸出については、豪州が産出する、鉄鉱石、銅鉱石、石炭などを販売しているわけだが、中国の景気がよければ、鉄鋼や銅の中国内での生産が増えるなどの要因で、豪州からの輸出額も増加する。逆に中国の景気が悪化すれば、豪州からの輸出が減少する、というわけだ。

その輸出額の推移については（図表２－37）、最近では2019年６月にピークをつけた。その後減少に転じたということは、中国経済はコロナ禍の前の2019年後半に悪化を続けていた、と推察される。

その輸出額の減少は、2020年２月まで続いた。しかし３月以降は増勢に転じている。新型コロナウイルスの流行は、中国で早い時期に始まったが、その分早めに感染が峠を越し、日米独などの諸国にやや先行するかたちで、経済が持ち直しに入ったのだろう。

図表２－37　豪州の中国向け輸出の推移

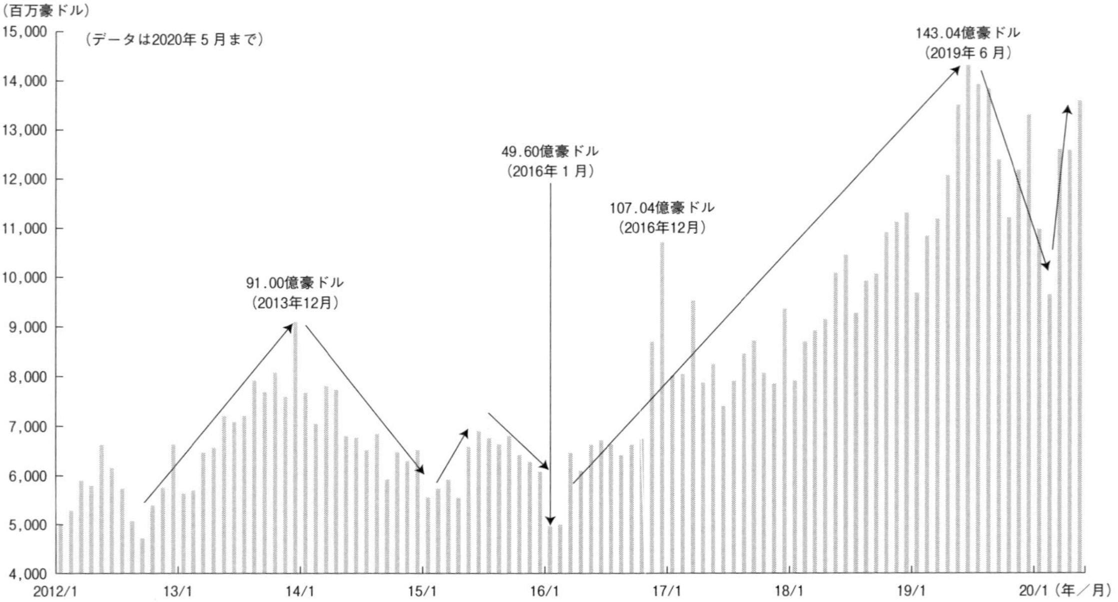


（出典）　Australian Bureau of StatisticsよりBdフルーレット作成

# 6 主要国の政策対応が景気を下支え

## 当初は「マクロ的な対応」で、市場が失望した局面も

主要国の経済指標からみて、景気がコロナ禍を越えて持ち直しに入ってきている、という点を述べた。また、2020年３月後半に、株式、国債、社債、商品市況、外国為替など、さまざまな証券・金融市場でパニックによる混乱が生じたが、すでに落ち着きに向かっているとも解説した。こうした経済動向の改善や市場の混乱からの脱却は、すべてが自律的に（自然に）生じた、というわけではなく、それぞれの国における、政府や中央銀行の経済政策に支えられた部分が大きい。

第２章の最後に、そうした政策対応について、詳細をすべて語ることはせず、概観を述べてみたい。

まず、当初の政策対応については、市場が失望で応えた局面もあった。たとえば米国においての、金融面からの連銀の政策対応を振り返ってみよう。連銀は、2020年３月17～18日に予定されていた、FOMC（連邦公開市場委員会）[61]を待たずに、３月３日に臨時会合を急きょ開き、政策金利（中央銀行が決定し、

61　Federal Open Market Committeeの略で、米連銀の金融政策を決定する会合。

金融政策による利上げ、利下げで操作する金利）であるFFレートの誘導目標[62]について、0.5％幅の引下げを実施した。しかし当日のニューヨークダウ工業株指数は前日比で2.9％下落し、失望を示した。

連銀は続いて、3月15日にも2回目の臨時会合を開催し、1.0％幅の利下げを決定した。この2回の臨時会合により、FFレートの誘導目標は0.0〜0.25％の範囲内となり、事実上のゼロ金利となった。加えてこの日は、国債や住宅ローン担保証券を、数カ月のうちに買い入れて資金を散布するといった、量的緩和策の実施も公表された。ところが、3月15日は日曜日で、その翌日の月曜日である16日には、ニューヨークダウ工業株指数は、前営業日（13日）に比べて、なんと12.9％もの大幅な下落を演じた。

このように、米連銀が金利を下げ資金を散布すると決定したにもかかわらず、株価が下落した背景は、いくつか考えられる。まず1つは、単純に、2020年3月前半は、新型コロナウイルスの流行が経済に与える影響が読み切れず、市場が悲観論にとらわれていて、連銀の対応を前向きに評価できなかった、という解釈だ。

---

62 FFレートはFederal Funds Rateの略で、米国の民間銀行は連銀に準備預金と呼ばれる資金を定められた額預け入れないといけないが、そのための資金が不足している銀行が、資金が余剰になっている銀行から、借りる際の金利。その銀行間の資金のやりとりに、連銀が関与して、ある一定の範囲にFFレートを誘導する。その誘導目標を引き上げるのが利上げで、誘導目標を引き下げるのが利下げ。

2つ目は、もともと2020年3月17〜18日に予定されていたFOMCを、わざわざ数日前倒しして臨時で開催する、ということは、よほど画期的なすさまじい策を打ち出すに違いない、そうでなければ、数日だけ早くFOMCを開催する意味がない、と、市場の期待がふくらみ過ぎてしまい、かえって政策の決定が報じられた際には失望が生じてしまった、という見方だ。

3つ目は、やはりわざわざFOMCを臨時で急いで開催するということは、連銀はそこまで急がなければいけないほどの、何か経済にとってとても悪い情報を、隠し持っているのではないか、との疑念が市場に広がった可能性がある。

最後の4つ目だが、実はこれが最も大きな要因だと考えているものは、そうした臨時のFOMCで打ち出された、政策金利を引き下げて全般的な金利低下を引き起こすとか、経済システム全体に資金を散布する、といった全体的な（マクロ的な）策では、コロナ禍に対処できない、と市場が判断したのではないだろうか。前述したように、2020年3月後半に市場がパニックに陥った最大の要因は、企業が資金繰り破綻するとの懸念だった。つまり、資金繰りに窮する企業こそが、資金を得られるように、対策をとることが求められているにもかかわらず、連銀が経済全体に対して（つまり、特に資金繰りに困っていない企業も含めて）金融緩和を行うといった、その「焦点ボケ」が、市場の失望を呼んだと解釈している。

## その後、政策はピンポイント化

ところが、連銀はその後、資金繰り対策という最大の懸念に焦点を当てる策を打ち出し始めた。3月17日には、企業がCP（コマーシャルペーパー、短期社債の一種）を発行して資金を借りようとすることを助けようと、連銀が拠出する資金でCPを買い入れるとの策を打ち出した。このCPを買い取る制度を、CPFF（Commercial Paper Funding Facility）[63]と呼ぶ。

また、社債については、3月23日に、SMCCF（Secondary Market Corporate Credit Facility）[64]という仕組みを創設すると公表し、5月11日には社債を保有するETF（上場投資信託）の買入れを、また6月16日には社債そのものの買入れを、それぞれ開始した。

さらには、民間銀行が中小零細企業に4年間の融資を提供すれば、その貸出債権のうち95%を連銀が買い取るといった、MSLP（Main Street Lending Program）の受付を、6月15日から開始した。

こうした策は、資金繰りに窮する企業が、CPや社債の発行で窮地を脱することを支援し、民間銀行が中小企業に融資することを促すといった、ピンポイントに市場が懸念する問題に焦点を当てたものだといえる。こうした策が最終的に、市場のパニックを沈静化させ、米国株価の底入れ反転に力を貸したと考

---

63 https://www.federalreserve.gov/monetarypolicy/cpff.htm
64 https://www.federalreserve.gov/monetarypolicy/smccf.htm

える。

なお、現在の米国内の資金量については、特筆すべき増加をみせている。それは、単に連銀が金融緩和を行ったから、というわけではなく、述べたようなピンポイントの策が複合的に功を奏したと考えているのだが、その点は第3章で述べる。

こうして米連銀の対策がピンポイント化しただけではなく、日米欧の主要国がとったほかの策も、同様に資金繰り問題を抱える企業や業種に焦点を当ててきた。

日本では日銀も、CPや社債の買入れ策を拡充している。また日本政府は、中小企業等に対し、コロナ禍により売上げが激減した企業に対して、持続化給付金の交付や低利の貸付などを打ち出している。企業だけではなく家計に対しても、10万円の特別定額給付金が支給された。

米国では、連銀が述べたような策などを打つ一方、連邦政府も、前述のように、失業保険金の上乗せ（週600ドル）を行った。欧州でも、空運など傷みが激しい業種に対し、各国政府が支援を打ち出している。

このほかにも、すべての資金繰り対策などを列挙すると切りがないが、最も懸念される資金繰り破綻を中心に、手厚い策が主要各国で打ち出されていることが、やはり株価などの反転に力を貸したと判断できるだろう（だからといって、資金繰り破綻が完全に封じ込められた、というわけではない）。

以上、この第2章では、コロナ禍の前後の世界市場を展望し、3月後半までの世界株安を引き起こした真因は何だったのか、なぜ３月後半以降世界市場は持ち直したのか、今後の世界市場が引き続き株高基調に向かうと見込まれるのはどのような要因によるのかを、振り返ってみた。

前章の第１章では、医療情報と投資情報の類似点から、多く流布されている怪しい投資情報について批判的に論じた。次の第３章では、この第２章で述べたコロナ禍前後の市場・経済分析を受けて、この時期に多く唱えられた説をやはり批判的に取り上げながら、今回の新型コロナウイルスが流行した局面だけではなく、さまざまな時期に主張された諸説に共通した危うさを、指摘していきたい。

第 3 章

# 「コロナ禍」でも登場した、「いつもの」怪しい説

人はしばしば、
自分がみたいものだけをみる

# 1 本質をとらえず、根拠を把握しない、決めつけが横行

## トランプ政権は景気をよくして株価を上げたい？

第1章では、医療情報と投資情報の類似点を指摘し、そこから怪しい投資情報や情報の受け手側の問題などについて、警鐘を鳴らした。この章では、第2章で述べた、コロナ禍前後の市場の動きをふまえて、その期間によく耳目に触れた、やはり危うい言説を、指摘したい。なお、その指摘は、決してコロナ禍の期間だけに当てはまることではなく、かなりの過去からおそらく将来にわたっても、参考になる点が多いと考えている。

まず、2020年3月後半にかけての世界的な株価下落は、決して新型コロナウイルスの流行という想定外の事象（ブラックスワン）ばかりによって引き起こされたわけではなく、多くの人がわかりきったこととして無視した2つの要因（2匹の灰色のサイ）によって生じたと解説した。そしてその2匹の灰色のサイとは、米国株価がかなりの割高な水準に買われ過ぎていたことと、日本の株価が、日本経済や企業収益が2019年にすでに悪化していたにもかかわらず、米国株の上昇につり上げられていたことだ、と述べた。2匹目のサイは、1匹目のサイが引き起こした現象であったため、結局は最初の灰色のサイ、すなわち米国株価の割高さが元凶だったといえる。

では、多くの投資家は、どういう理由をあげて、かなり割高になってしまった米国株を、さらに買い上げたのだろうか。第２章の、米ドルの名目実効レートの長期的な考察で述べたが、米国経済の成長力や安定性などから、世界の投資家にとって、米国株式が魅力的な投資対象の１つとなり、資金を集めていたことは事実だろう。ただ、それ以外に、「トランプ政権は景気をよくして株価を押し上げたい政権だ、特に2020年11月の大統領選挙に向けては再選のため、そうした意向を強め、株価を押し上げ続けるだろう」という声をよく聞いた。もう１つ、米連銀の金融政策に絡んだ株買いの口実もよく聞こえたが、それはこの後で述べよう。

## 過去にトランプ政権がとった政策は？

もちろん、米国でトランプ政権以外の過去の政権についても、あるいはどの時代のどの国の政権にとっても、「ほかの条件が変わらないのであれば」景気が悪いよりよいほうが、株価が下がるより上がるほうが、その政権の支持率は上がるだろう。それは当然だ。そのため、どの時代のどの国の政権でも、基本的には景気を浮揚することを意識して、経済政策が打ち出される。また、それが結果として株価の上昇を引き起こす傾向がある。

ただ、景気が過熱し過ぎてインフレが高進し、物価の急速な変化が経済活動を混乱させる、あるいは不動産価格が高騰して庶民が不動産を取得しにくくなる、などの弊害が出れば、逆に景気を沈静化させる策をとることがある。もしくは、財政収支の均衡を比較的重視する政権であれば、景気がよい時に、先行きの景気を多少抑えても増税する、ということもあるだろう。

さらには、経済政策の枠外で、優先してとるべき策があれば、そうした策を景気を犠牲にしても採用することはありうる。まさにコロナ禍において、新型コロナウイルスの感染拡大を抑える目的で、多くの国で経済活動を制約する諸策が打ち出された（そうした策の、感染防止効果については、議論が多々あるが）。これは、国民の健康や生命の保護といった要因が、経済活動を抑制したとしても重視されたからだ。

そうした一般論を横に置いて、はたしてトランプ政権が再選を重視して、景気と株価の浮揚にまい進するか、といえば、それはかなり怪しい説だったのではないだろうか。

まず、トランプ大統領が景気と株価をよくしたい、と図ったとして、だからそのとおり景気も株価も問題なく持ち上がるか、といえば、必ずしもそうはならないだろう。今回のコロナ禍は、仮に大統領にそうした企みがあったとしてもそれをぶち壊した要因の１つだといえるし、筆者は、トランプ政権に株価を押し上げる意向があってコロナ禍がなかったと仮定しても、米国株価の割高さがいずれ株価の押し上げを許さなかったと考えている。

加えて、現実に、過去においてトランプ政権が株価の押上げを最優先してきたかどうか、疑問だ。図表３－１は、2018～2019年のニューヨークダウ工業株指数の動きと、トランプ政権

図表３－１　米株価と対外通商政策

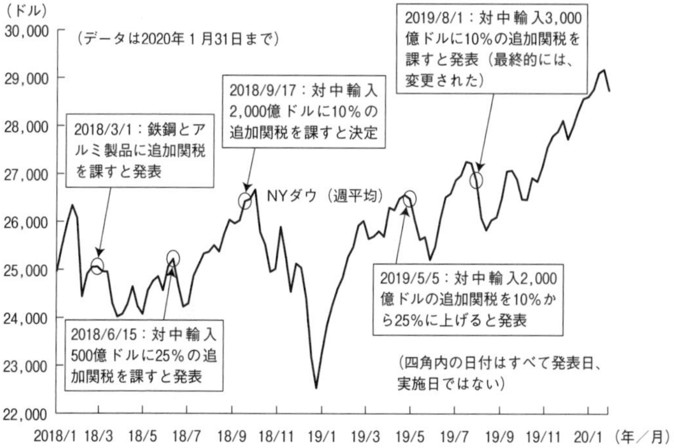


（出典）　FactSetおよび諸報道よりBdフルーレット作成

の対外通商政策の発表日[1]（丸印）を重ねたものだ。2018年３月の鉄鋼とアルミ製品についての関税引上げ（原則として、すべての国々に対して）以外は、対中政策だ。すると、株価が当時の高値圏にあった時に、強硬な通商政策が打ち出されてきたことがわかる。

つまり、海外諸国と対立を招き、米国経済にも打ち返しが懸念される[2]ような、強硬な通商政策を、わざわざ株価が安い時

---

1　たとえば対中関税の引上げについては、引き上げると公式に発表した日であって、実際に引上げを実施した日ではない。

2　例として、中国からの輸入品の関税を引き上げれば、そうした品目を購入している家計や企業にとっては、値段が高くなる分負担増となる。ただしトランプ政権は、米国内での売上げ減をおそれる中国企業が、関税引上げ分だけ値引きをするので、結局は中国企業の負担となり、米国民の負担増は小さい、と主張していた。

に打ち出してきたわけではないが、株価がある程度上がっていれば、株価を結果的に押し下げることになってもそうした通商策を公表する、という姿勢を、現実にトランプ政権がとってきたといえる。すなわち、トランプ政権は現実に、株価の押上げを他政策より優先させてきたわけではなかったのだ。

## 最優先事項は「トランプ・ファースト」

そこで読者の方のなかには、「トランプ大統領の最優先事項は「アメリカ・ファースト」であるため、株価を上げることよりも中国を叩くことが米国の国益にかなうと考えれば、対中強硬策を優先するのだろう」と思う方がおられるかもしれない。しかしそうした「アメリカ・ファースト」がトランプ政権の基本方針だ、と解釈することも、誤っていると筆者は考えている。

トランプ大統領の最優先事項は、「トランプ・ファースト」ではないだろうか。つまり、「ドナルド・トランプは、すごい奴だぜ、うぇ〜い！！」と多くの人から称賛されることが、最大の優先事項なのだろう。大統領に当選したい、また2020年11月に再選されたい、というのは、特に大統領の職務に執着しているわけではなく、皆に称えられたいからだと筆者は推察している。「アメリカ・ファースト」を訴えるのも、そうしたほうが「ウケる」からだろう。株価を上げるのも、景気をよくするのも、大向こうに向かって中国はけしからんと叫ぶのも、いずれも「ウケる」、その結果自分が称賛される、とトランプ大統領自身が考えるからだ。

昔からよく持ち出される例えだが、ドリルを販売している店にお客が訪れて、できるだけ性能のよいドリルがほしい、といってきたとしたら、そのお客がほしいのは本当は優れたドリルではない、といわれる。その人がほしいのは、自分のつくりたい穴であって、その穴を開けるのに必要な道具がほしいだけなのだ。もしドリルではなく、別の道具で求める穴が開けられるのであれば、別にドリルは要らないはずだ。

その例えを使えば、トランプ大統領がほしいのは自身への称賛であって、景気をよくしたいわけでも株価を上げたいわけでもない。ただ、称賛を得るのに役に立つ、と思えば、それに必要な策はとるということだ。トランプ政権は株価を上げたい政権だから株価は上がる、と信じ込んでいると、足をすくわれる。

## 米中関係も見誤ってはいけない

米中関係についてのトランプ大統領の姿勢も、同様に「トランプ・ファースト」かどうか、という観点で考えるべきだ。対中通商政策においては、トランプ政権は、広範な対中輸入に追加関税を課して、中国に圧力をかけることにより、中国から農産品の輸入増[3]という譲歩を得ることを、まっしぐらに目指した。

3　ただしコロナ禍のせいで、中国が十分に米国産農産品の購入を増加させることができるかどうかは、不透明だ。

なぜそうした政策を推し進めたかといえば、中国製品への追加関税により、米国製品を安価な中国製品から守ると主張することで、米国製造業企業で働く労働者にウケるからだ。本当に関税引上げが製造業雇用を守るかどうかに、大統領の関心はあまりないだろう。事実は別として、製造業の労働者が、自身の雇用が守られると思い込めばよいのだ。

あるいは、中国が農産品をより多く買うと約束することで、農家にウケることが最大の目的だ。本当にそれが米国の農家を画期的に救うかどうかは、大統領にとって肝心な点ではないだろう。

通商政策以外の対中政策も、同様に考えるべきだ。トランプ大統領は、対中強硬派だと考えている人が多い。そうした観点は、誤っている。

トランプ大統領が対中政策面で、たとえば米議会の強硬姿勢と距離を置き、「弱腰」ともみられる動きを示したことはある。1つだけ例をあげると、2019年に、香港政府が逃亡犯条例を改正し、香港の刑事犯を中国本土に引き渡せるようにする、という動きに、香港市民が反発し、その後長く続く香港民主化デモにつながるデモが活発化した。それに対し、香港政府（およびその背後にある中国本土政府）からデモに対する圧力が強まると、米議会は、同年11月20日に「香港人権・民主主義法」を可決した。この法律は、米国連邦政府に対し、香港について「一国二制度」が維持されているかどうかを毎年検証させ、それに基づき香港に、中国とは異なる関税等の優遇措置を、米国が与え続けるか打ち切るかを判断させる、といった義務を課すものだ。

議会が可決した法律は、大統領の署名を経て正式に発効するが、11月22日にトランプ大統領は、FOXテレビのインタビューで、当該法案について「香港住民を支持しなければならないが、友人の習近平国家主席も支持する」と述べ、署名するかどうか明言しなかった。

最終的には同月27日にトランプ大統領は署名したが、こうした大統領の「議会より弱腰」にも思われる発言は、なぜなされたのだろうか。それは、この「香港人権・民主主義法」の可決より少し前の９月以降、米国が対中追加関税の一部の発動先送りを表明しつつ、中国も歩み寄る、といった融和の動きを示していたからだろう。10月には、最終的な貿易面での米中合意を目指して、協議を続ける、との方針が、打ち出されていた。

こうした合意は、最終的には、2020年１月に米中経済貿易協定（米中通商合意第一弾）として結実し、前述のように中国が米国産農作物の購入増を約束することとなった。ちょうど2019年11月の「香港人権・民主主義法」の可決は、その協議の最中に当たっていたわけだ。トランプ大統領は、自身が最優先したい自国内の農家向けのアピールを実現するため、それより優先度合いが低い香港問題で、習近平主席の機嫌を損ね、米中合意に向けての協議がとん挫することをおそれたのではないだろうか。つまり、トランプ大統領は、対中強硬姿勢を最優先する大統領ではないのである。

## ただし大統領だけで政策を決定しているわけではない

2020年6月に、ボルトン前大統領補佐官（安全保障担当）が、いわゆる「暴露本」を出版した[4]。その書籍の内容の真偽は知らないが、大統領選挙での激戦州では農家の票がカギを握るため、習近平主席に農作物の購入増を依頼したと書かれている。筆者は上記の考察から、トランプ大統領がそうした発言をしたというのは、きわめてありうることだと考える。

ただ、大統領だけですべての政策を決定しているわけではない。このボルトン氏のように、あるいは他の政権を去った多くの閣僚のように、大統領は気に入らなければ、首にすることはできる。とはいっても、閣僚や閣外のアドバイザーが、大統領に提言し、政策を動かすことも可能だろう。大統領が、自身の最優先事項である「トランプ・ファースト」の邪魔にならないと考えれば、さまざまな政策を大統領を動かして（操って？）推し進めることは可能だ。

たとえば最近では、2020年7月21日に、米国はテキサス州ヒューストンにある、中国の総領事館を閉鎖せよ、と要求し、中国は24日に閉鎖を余儀なくされた。また同日には、サンフランシスコの中国総領事館でかくまわれていた中国人研究者が、米国政府に拘束された。7月23日には、ポンペオ国務長官が、カ

4　書名は『それが起きた部屋』（The Room Where It Happened）。

リフォルニア州のニクソン大統領図書館を訪れて演説し、「私たちが中国共産党を変えなければ、彼らが私たちを変える」と、中国の脅威を訴えた。

そうした点では、経済、外交、安全保障等多くの政策について、米議会や、大統領以外の政府内外の主要なキーパーソンの動きも、注視する必要があるのだろう。

## 民主党政権になると、米中関係は変わるのか

「トランプ大統領は、中国に対して強硬な姿勢をとる大統領だ」という見解が誤りだとすると、逆に「民主党政権になれば、対中関係が融和の方向に向かう」といった観測も的外れだと思われる。

実際、前述のように、議会は中国に対して強硬な姿勢を示しているが、多くの対中制裁法案が、民主・共和の党派を超えて、提出されている。その背景には、米国の世論全般において、対中警戒感が強まっていることがあるだろう。それは、中国の不当な安値輸出で米国の製造業雇用が奪われているという観測から、中国が米国の先端技術などを盗用し、知的財産権をおかしている、新型コロナウイルスの流行は中国の責任である、などなど、それぞれの真偽はともかく、幅広い事項で中国に対する反感が強まっているためだと推察される。

こうした世論をふまえると、政権あるいは議会が、どちらの党が主導権を握るとしても、いきなり対中姿勢が軟化する、という展開は、想定しがたい。

## 「隠れQE 4」という幻想

さて、1つ目の灰色のサイ、米国株価の割高さをふくらませてしまった要因として、投資家がトランプ政権は株価を上げ続けるに違いない、と思い込んだことについて述べ、その危うさを指摘した。もう1つ、投資家が米国株の買いを正当化した口実として、2019年秋以降、米国が金余りになっているはずで、余剰資金が株式市場になだれ込む、という声も多く聞いた。

そうした金余り説として、2019年10月以降、連銀が「隠れQE 4」を進めている、とよく唱えられた。この点を解説しよう。

QEとは、Quantitative Easing（量的緩和）の略だ。量的緩和は、従来型の政策金利の引下げにより緩和効果を生み出す金融政策ではなく、市中の資金量を豊富にすることで、家計や企業が資金を得やすくして、緩和効果を生じさせよう、というものだ。具体的なQEの方策としては、中央銀行は「銀行の銀行」なので、民間銀行が保有する国債などの債券を買い取り、その代金を民間銀行に渡す、というかたちで資金を散布する。民間銀行がその資金を融資などに回すことで、経済全体に資金が出回る、という考え方だ。

こうして量的緩和の時には、中央銀行は買い取った債券を自身の資産として積み増す。資産や負債の額を示した会計書類をバランスシート（貸借対照表）と呼ぶが、量的緩和を進めて国債などを買い取るほど、中央銀行のバランスシートの総額が膨張することになる。

さて、米国では過去に3回のQEが行われてきた[5]。このあと、2019年10月から連銀が短期国債の買入れを始めたため、これがQE4に当たるとの説が浮上した。この短期国債の買入れに至った経緯は、短期金融市場の混乱にあった。短期金融市場の1つであるレポ市場[6]において、翌日物[7]の金利が、2019年9月13日には2.27%であったものが、翌営業日の9月16日と17日に急騰し、一時8%を超えたとされている。こうした金利の混乱は、決して好ましいものではないため、金融市場の動向を担当するニューヨーク地区連銀が、直ちに短期金融市場に資金を放出する取引を行って沈静化に努めたことに加え、10月から短期国債の買入れが開始されたという推移だった。

こうした金利の跳ね上がりがなぜ生じたかについては、諸説あり、正確な要因はよくわからない。国際決済銀行[8]は四半期報告書で、さまざまな構造的な要因があり、米国の大手銀行が国債市場に多く資金を振り向けたからである、と指摘しているが、そうではないとの論も大変多い。ただ、要因がいずれであっても、短期金融市場で資金不足が生じていたとはいえる。

---

5　いつからいつまでがQEの期間だったか、という点については、識者の間で若干の意見の相違はあるが、QE1（リーマンショック直後の危機対応）が2008年11月～2010年6月、QE2が2010年11月～2011年6月、QE3が2012年9月～2014年10月とされている。

6　国債を担保として、短期間の資金を借りる市場。

7　資金を借りて翌日に返す取引。

8　BIS（Bank for International Settlements）。各国の中央銀行全体の決済を担う国際機関。

さて、連銀は、この2019年10月からの短期国債の買入れは、資金不足に対応するための策であり、経済全般に資金量を増やそうという目的のQEではない、と公式に説明してきた。しかし市場参加者の多くは、短期国債を買い入れている結果、連銀のバランスシートが膨張しており、何かの理由で連銀はQEだといいたくないのかもしれないが、実はQEと同様の「隠れQE 4だ」と騒ぎ、株価は上がり続けるに違いない、と主張していたわけだ。

ここで、そうした見解が妥当なのかどうか、米国の資金量をみてみよう。図表3－2は、2つの資金関連の統計を示している。1つはマネタリーベースで、これは中央銀行が「結果として」ばらまいた資金の量を示している。QE 1、2、3では、当然に資金散布が行われたので、マネタリーベースの前年比は大きく高まった（特にQE 1時のグラフの上振れが大きい）。

ところが、市場が「隠れQE 4」と称する2019年10月からの時点では、マネタリーベースは前年比マイナスだ。前年と比べて散布資金が減る量的緩和というのは、前代未聞だ。とても「隠れQE 4だ」などと呼べるような事態ではない。連銀の公式の説明どおり、短期金融市場における資金不足分を埋めるためだけに資金を注入しているのだから、マネタリーベースが増えていなくておかしくない。

ところが多くの市場参加者は、マネタリーベースが減っていたことを知らなかったのか、知っていて知らないふりをしていたのか、わからないが、米連銀のバランスシートの金額が増え

図表3－2　米国のマネタリーベースとM2の推移（前年比）

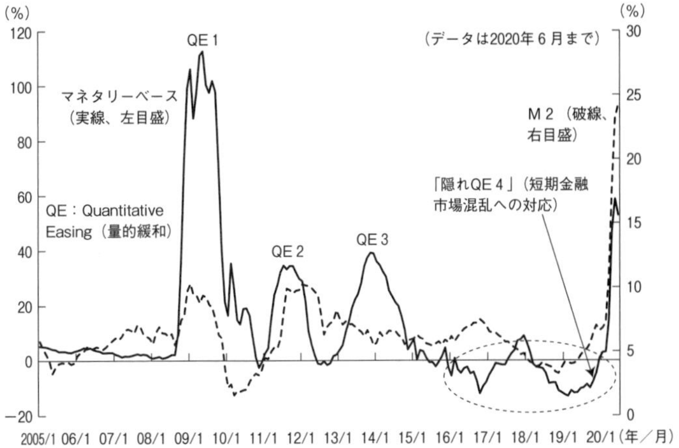


（出典）　米連銀よりBdフルーレット作成

ているとのデータだけを振りかざして、「金余り念仏」を唱え続けていた。そのように、資金量の統計という根拠を確認せずに述べられていた主張が、いかに危ういか、ということだろう。

## いまはQE 1を超える金余りだが

さて、図表3－2に戻ると、もう1つM2という資金統計の前年比を示している。このM2は、現金と預金の合計で、経済全体に出回っている資金の量を測ろう、というものだ。

ここで、興味深い点がある。コロナ禍を受けて、景気を支えるため、米連銀は量的緩和を進め、マネタリーベースは大きく増えている。そのため、当然M2も増えている。どういうわけか、コロナ禍を受けての量的緩和をQE 4[9]と呼ぶ向きが少ないのだが、QE 4と呼ぶことにすると、QE 4時のマネタリーベースの前年比は、いまのところは、QE 1ほど高くない。しかしM 2の前年比は、QE 1時よりQE 4のほうが高い。つまり、連銀は、マネタリーベースをQE 1並みに増加させることをせずに、経済全体においてはQE 1時をはるかに上回る金余りにしている、といえる。

このようにM 2の伸びが高い背景として、第2章で述べたように、連銀が全般的な（マクロ的な）金融緩和を行うだけではなく、資金繰りに目配りして、CPや社債、銀行の貸出債権の買入れなど、きめ細かいピンポイントの資金供給策を打ち出したことが、功を奏していると推察される。加えて、米国政府も、失業保険給付金の上乗せなどの策で、市中に資金を供給していることも、M 2の高い伸びに貢献しているのだろう。

筆者がとても不思議に感じるのは、2019年10月から2020年2月頃にかけて、「隠れQE 4が行われているからおおいに金余りだ、米国株は上がり続けるに決まっている」とあれほど騒いでいた人が多かったのに、いまはM 2がQE 1時を上回る真の金余りになっていることに反して、多くの市場参加者が「コロナ禍で景気が悪化しているのに株価が上がるのはおかしい」と叫

9 「隠れQE 4」との主張を続けてきた向きは、その主張が正しければ、コロナ禍を受けての量的緩和が順番からしてQE 5になるが、そう呼んで誤りを訂正しないのは後ろめたく、一方で自身の誤りを認めて実はこれがQE 4だ、ともいいにくく、2020年に入っての量的緩和がQEいくつなのか、はっきり語ることを躊躇しているのだろうか。

んでいることだ。金余りでない時に金余りだから株価が上がると主張し、金余りになった時に株価が下がると唱えるとは、いったいどうしたことなのだろうか。

このように、根拠とすべきデータをきちんと把握することをせずに、金余りかそうでないかを感覚的に主張することは、コロナ禍の局面に限らず、過去も将来も、きわめて危うい。

# 2 バブルか金融危機しかないのか

## 極論はすぐに横行する

筆者は、ほかの方が書いておられる市場予測等の記事はほとんど読まないし、ほかの専門家の方がテレビやラジオで話しておられることもあまり見聞きしない。もちろん、多くの人が一斉に主張していることは、見聞きするつもりがなくても目や耳に入ってくるが。

「なんと尊大な奴だ」と不快に思われる方もいらっしゃるかもしれないが、自身で取材して論拠を集め、データをとって分析して、自分の頭で考えればよい、と判断している。もちろん、意見交換をシャットアウトするわけではないので、意味のある会合には出かけて議論はしている。その場合、こちらが議論する人を選んでいるし、相手もこちらを選んでいると思う。

そのように、ほかの方の書き物や発言を見聞きしていないため、セミナーなどのご質問で、

「馬渕さんは、いまの環境下で、市場動向の先行きを考えるのに参考になる本は、どれがよいと思いますか」

「すみません、本は読んでないです」

「週刊○○の特集記事について、馬渕さんはどう思いますか」

「まったく読んでないので、わかりません」

「著名な専門家の○○さんが、株価がこれから大きく上がる、といっているのですが、なぜですか」

「○○さんが、どういう根拠でいっているのか、全然知りません、○○さんに直接お尋ねください」

と、まったく素っ気ないお答えになってしまう。

ただ、セミナーの質疑応答の際に、ある程度の期間、同じ質問ばかりが寄せられることがよくある。「新興諸国の債務が増えているので、世界は大変なことになるのではないか」などだ。そういう際は、後から調べてみると、たいがい影響力のある人が話題になる本を書いており、それを読んだ人たちが同じ質問をしてくる、ということが多いとわかってきた。まったくほかの書籍を目にしなくても、いまどれが売れ筋の本かがわかって便利だ（笑）。

あるいは、ネット上で、いやでも（実際、いやなのだが）記事のタイトルくらいは目に入ってくる。述べたようなセミナーにおける質問も、ネットなどの記事も、極端な楽観か悲観がほとんどだ。「バブルがくる」「いまがバブルなのでこれからバブルが崩壊する」「世界経済に黄金の時がくる」「金融危機で大恐慌」「円は大暴落」「円は大暴騰」「ハイパーインフレがやってくる」「デフレ時代到来」などなどだ。

もしそうした書籍や記事のとおりになったら、ものすごい好況とものすごい不況が、毎月交互に訪れるような気がするが。

## 情報の発信側だけではなく、受け手側にも極論を広げる土壌が

こうした極論があふれるのは、もちろん、情報の発信側の問題がある。極論をいうと目を引く、という効果をねらっているのかもしれない。ただ、そうした「下心」を、専門家本人が抱いているとは限らない。経済・市場見通しを作成している専門家は、地道に論拠を集め推論して、しっかりとした見通しをつくっているが、その論考が掲載されるネット媒体や週刊誌等の編集者が、耳目を引こうとして極端なタイトルをつけている、という場合も多いようだ。

また、極端な見通しを作成するからよくないとか、下心がある、とも限らない。誠意をもってきちんと分析した結果、大恐慌がくると客観的に予想されるのであれば、そう主張することについては、まったく問題はないと考える。

一方で、情報の受け手側にも、極論を広げてしまう心理的な土壌があると思う。株式の買い持ちをしていると、あわよくばそれで大きく儲けたい、と野望を抱き、バブルがくるかのような論説に目がいってしまう。逆に株式投資で大きく損をしたくない、との恐怖にとらわれると、やたら悲観論が気になるところだ。特にコロナ禍の環境では、不安心理の増幅が極端な悲観論を広げたと感じる。

人は、みたいもの、あるいは逆にみたくないものが増えると、極論が気になるものだ。心がなんらかの感情にとらわれる

と、その心に沿ったものばかりがみえてきて、冷静な議論が聞こえなくなってしまう。人はしばしば、みたいものだけをみるものだ。筆者自身の自戒を込めて、そのように考えている。

## 極端なことは、そうたびたびは起こらない

そもそも、極端な経済や市況の変動は、そうたびたびは起こらない。

第2章で、バブルだと思う人がそれなりの数いれば、バブルにはならない、バブルだとだれもつゆほども思っていない時にバブルになる、と述べた。

ハイパーインフレになる、との声もよく出るが、いまの世界経済の、デフレとはいわなくてもディスインフレ（低インフレ）の状況を覆してハイパーインフレにするのは、至難の業だ。いまはグローバル化により、世界で一番安いものを買おう、一番安くつくろう、という経済行動が強く進んでいる。そうした世界的な価格競争のなかで、モノの物価がそうやすやすと上がるとは見込みにくい。

あるいは、そうした経済行動とは別に、供給制約、たとえば産油国における政情不安や地域紛争などにより、原油や天然ガスの生産が激減すれば、エネルギー価格が跳ね上がってハイパーインフレになる、との主張も目にする。しかし、工業技術の発達などにより、エネルギーにおける代替エネルギー開発や省エネ能力の向上なども、大きく進んでいる。レアメタル、レアアースが枯渇する、あるいは「資源ナショナリズム」によ

り、そうした希少資源の価格が跳ね上がって大変なことになる、との主張も一時はあったが、代替品の開発も進んでいる。一部の原材料の価格が需要増ではなく供給減で高騰すれば、それは経済に短期的に混乱をもたらそうが、構造的・長期的に物価全般を押し上げるとは予想しがたい。

現在はコロナ禍により、主要国の金融政策はきわめて緩和的だ。だからバブルがくるとかインフレになるという声もあるようだが、不況からそこまで反対側（好況の方向）に景気や物価、株価が振れ戻りそうであれば、その前に中央銀行は緩和を縮小するだろう。バブルやインフレが高進しても、中央銀行がぼーっとして、何もしない（緩和しっぱなしで放っておく）という前提を置かない限り、そうした経済・市場動向の実現はむずかしい。

特にいまのコロナ禍を考えると、政府や中央銀行としては、景気や株価が底抜けることを避けようとして、さまざまな政策をとっている。政策を総動員しても景気の悪化を止められない、という可能性はゼロではないが、かなり小さいだろう。というのは、第２章で述べたように、政策はきちんと傷みに向けて、ピンポイントで打ち出されてきているからだ。

かといって、述べたように、政府や中央銀行は、バブルを生み出したいわけでもない。バブルが生じれば、必ずその後にバブルが崩壊し、大きな混乱を呼ぶためだ。もちろん、政府も中央銀行も神様ではないので、景気のコントロールを誤ることはたびたびある。その場合、景気が悪くなる方向で誤るリスクとよくなる方向で誤るリスクがある。政府や中央銀行としては景気が悪くなり過ぎて怒られることはあるが、よくなり過ぎて怒られることはないため、現在のコロナ禍に対応した財政支出や金融緩和を手仕舞うのは、やや遅くなる可能性が高い。とすれば、一時的に景気や株価が過熱気味となる展開は想定されるが、かといってバブルになるまで放置はされないだろう。

ということは、コロナ禍を越えたかなり先の期間まで展望して、財政・金融政策面からは、景気は著しい好況にも不況にもならず、大幅なデフレにもインフレにもならず、株価も暴落も暴騰もしにくいだろう。

## 危機が放置されることはないし、過去の危機で経験が積まれている

危機がやってくる、との見解にとらわれる人はかなりの数いるが、大手の金融機関が破綻するとか、新興国の財政が破綻する、などを信じる人が多い。

筆者は、ドイツの大手民間銀行であるドイツ銀行の経営が、今後どうなるかについて、深い見識があるわけではない。ただし「ゴシップネタ」としては、ドイツ銀行が巨額のデリバティブ取引を抱えていて、破綻の可能性が高い、といったような言説があるようで、セミナーのたびに、「ドイツ銀行は破綻しないのか」と毎回尋ねてくる人もいる。その人は、ここ数年ずっとドイツ銀行が破綻するかどうかの質問をぶつけてくるが、ここ数年ずっとドイツ銀行は破綻していない。

あるセミナーで、やはりその種のご質問があり、

「ドイツ銀行が破綻するかしないかの、馬渕さんの意見が聞きたいわけではなく、絶対に破綻するという前提を置いたら、世界経済や市場はどうなりますか」

と尋ねられた。ドイツ銀行はドイツ国内に限って銀行業務を行っているわけではなく、グローバルに活動しているきわめて規模の大きな銀行であるため、「もし破綻したら、世界の経済や金融、株価などは大変なことになりますね」と答えるのだが、すると質問者はしたり、という顔をして、「そうですよね、だから株価は暴落しますよね」と満足げにうなずく。

しかしそこで筆者は「そのように、経済や市場に多大な影響が出るのはすでに明らかなので、ドイツ銀行が破綻に向かったとすれば、ドイツ政府のみならず、EU（欧州連合）やECB（欧州中央銀行）、場合によってはIMFが救済に入り、他国政府も資金面で協力などして、破綻させないと思いますよ」と付け加えると、質問者はとても不満げな顔になる。

きわめて深刻なことが起こるとわかりながら、放置する政府や中央銀行はない。もし放置するのなら、そうした機関の存在意義はないともいえるだろう。

過去の金融危機としては、2008年のリーマンショックがあげられる。その際は、たとえば米国政府・中央銀行が、銀行や証券会社も民間企業であり、それをいちいち政府などが救済すべきではなく、経営が悪化して破綻するのであれば放置すべきだ、との方針を打ち出したため、どの金融機関が破綻するかわ

からない、との不安を巻き起こした。しかし現在は、その時の教訓はまだ活きているはずだ。

リーマンショック時をふまえた具体例としては、今回のコロナ禍への対応で、米連銀が企業が発行するCPを買い取る仕組みを立ち上げ、それをCPFFと呼ぶと第2章で述べた。このCPFFは、リーマンショックの時につくりあげられた仕組みだ。今回迅速に連銀がCP買取りを始められたのは、すでにつくられたCPFFを再度動かしたからで、その点でリーマンショック時の経験が活きているといえる。

新興国の財政などの破綻はしばしばささやかれる。アルゼンチンは、国債が何度もデフォルト（債務不履行）[10]に陥っている。現時点で、「新興国ブーム」でも起こっていて、投資家が思いっきり新興国の株式や債券に投資し、銀行が新興国に目いっぱい貸し付けているようなら別だが、すでに新興国のリスクの高さに対する警戒が広がっている。新興国が危機だ、危機だ、と騒がれながら、たとえばいまさらアルゼンチン国債に巨額の資金を突っ込んでいる投資家がいれば、それはまさに自業自得だろう。そうした新興諸国の財政・経済と運命をともにしよう、という投資家が、それほど多いとは考えがたい。

---

10　デフォルトとは、当該債券が紙くずになることだ、と誤解している人も多い。そうではなく、デフォルトの定義は、当初に債券の保有者と約束した、利払いや元本の償還が、予定のスケジュールどおりまたは予定の金額どおりに100％実行することができない、という事態を意味する。利払いが3日遅れて満額払われてもデフォルトだし、元本が99％支払われても（1％欠けても）デフォルトだ。

## 「強制出口説」は誤っている

なお、足元では、これまで述べてきたように、コロナ禍による景気悪化に対峙するため、主要国の政府や中央銀行が、景気を支える策を総動員している。そのため、「そうした景気を支える策が終わりを迎えたら、景気が悪化し株価が暴落してしまうのではないか」と、懸念する向きがあるようだ。

しかしそうした懸念は、「まだ景気が悪く株式市況が脆弱なのに、政府や中央銀行が経済対策の「出口」を出てしまったら、大変なことになる」というものだ。景気を支えるために対策を打ったのに、景気が悪くなる可能性が高いにもかかわらず対策をやめる、などといったことが、ありうるだろうか。

もちろん、対策をやめたら景気も株価も打撃を受けるような状況であるにもかかわらず、政府や中央銀行が大丈夫だと判断を誤って、出口を出てしまう、という可能性はゼロではない。それでも、明らかに危険な道を通ってまで出口を出るかといえば、そうなった際の政府や中央銀行への世論の逆風が想定されるため、出口戦略が早過ぎたというリスクをおかすことは、極力避けるのではないだろうか。

景気悪化が明白なのに、別の要因で出口を出ざるをえなくなる、という説もあるだろう。たとえば、財政赤字が膨張を続けるので、景気が悪化していても景気刺激策をやめなければならなくなる、というシナリオだ。たしかに、新興諸国で財政基盤が脆弱であり、国債がデフォルト（債務不履行）に陥って、内外の投資家が当該国の国債を買ってくれなくなったため、国家が資金繰りの危機に陥った、景気を犠牲にしても財政を立て直して投資家の信頼を回復しなければならない、という場合は、IMFなど国際機関の支援を受けながら、財政緊縮に向かうことになるだろう。

しかし、日米などの主要国で、財政赤字がすでに巨額でありながら、発行する国債が市場などで消化できているような国について、いまさら多少財政赤字がふくらむから財政面からの景気支持をやめる、という事態は想定しがたい。

そうした関連で、誤った日銀の出口論も、よく唱えられる。日銀が、景気を支えるのに有効な緩和策を、景気が悪いのに打ち切る、という展開は想像もできない（有効ではない緩和策を、景気刺激に役に立たないからやめる、ということはありうるが）。

同様な誤った懸念で、日銀が保有する株式ETFを売却に回ったら、株式市況は暴落する、というものもよく聞く。日銀の株式ETF保有の「出口」、すなわち売却は、日本の株価が十分に上昇して、日銀がETFをゆっくり売っていっても株価が崩れない、ということになってから、ようやく始まるだろう。「そんな堅調な株価がいつやってくるのだ、その前にETFを日銀が売るのではないか」と主張する向きもあるようだが、日銀が株式ETFを売却しても大丈夫な株式相場が何十年経っても実現しないのであれば、日銀は何十年も株式ETFを保有していればよいだけだ。別に日銀に、いつまでにETFを売らなければいけない、という制約はまったくない。

日経平均が○○円まで下がると日銀が保有するETFが含み損になる、さらに××円まで日経平均が下落すると、含み損が膨大になり、日銀全体として債務超過になる、といった試算を、得意げに語る人もいる。だから何だというのだろう。別に日銀が債務超過になったら何か困るかといえば、別に何も困らない。あるとすれば、「中央銀行が株式ETFを保有して、多大な損失が出ているとは、日本という国は仕方がないね」と、海外投資家から少し呆れられるくらいではないか。

同じような話で、足元の財政による景気刺激で財政赤字がふくらむから、先行き大増税が行われて、日本経済は沈没する、と不安がる人も多い（そのように不安な人がもともと心配性だというより、そうした説を大声で唱えている人がおり、そうした言説に惑わされているからだろう）。そうした人のなかには、「財務省が、財政均衡が景気より最優先との陰謀を働いており、財務省はとても力がある省庁で、総理大臣すら左右するので、消費税が大増税されて日本経済は沈む」という「財務省陰謀説」もあるようだ。そうした「陰謀説」のおかしさはこの章の後で述べるが、財務省にそれほど力があって、景気を犠牲にしても財政均衡を目指しているのであれば、直近の消費増税（2019年10月実施、８％→10％）が、実施に至る前に、何度も延期されたはずはなかっただろう。

## 強気派？　弱気派？

市場見通しを語る専門家は、強気派と弱気派に分かれる、と考えている人も多いらしい。強気派の専門家は、たいがい「株価は爆騰」「いまこそ買い場」といつでも叫び続けており、弱気派の専門家は、「金融危機がくる」と毎日唱えている、といったようなイメージだ。

そのように思ってしまう人が結構多いように感じるが、それは専門家の側がいけないのかもしれない。強気弱気はあっても、前述のように、専門家本人が意図しているかどうかは別として、極端な見出しがマスコミに流れると、読者である投資家としては、どうしても強弱のイメージが心に残るのだろう。あとは、あたかも「強気派亭三平」のように、強気派、弱気派であることを、「芸風」としている専門家も多いかもしれない。

こうしたイメージが世間に強いためか、筆者はよく驚かれる。たとえば2020年初めの時点では、筆者は、日経平均株価はいったん16,000円辺りに下落した後、24,000円に上がると主張した。すると、「年初の時点で、馬渕さんは16,000円に株価が下がると見通しを語っていたので、てっきり弱気派だと信じていました。そのため、3月に16,000円手前に下がったところで、もっと下がる、というのではないかと思ったら、24,000円になるという予想なので、驚きました。なぜ弱気派から強気派に転向したのですか」といわれて、かえってこちらが驚いた。筆者は、強気派でも弱気派でもなく、淡々と予想を語っているだけだ。

また、筆者は前述のように、現時点では、今後の景気は著しい好況にも不況にもならず、大幅なデフレにもインフレにもならず、株価も暴落も暴騰もしにくい、と予想している。すると、「つまらない予想ですね」とよくいわれる。ただ、筆者は、聞き手をおもしろがらせようとして、予想を作成しているわけではない。株価が上がると思えばそう語り、下がると見込めばそう主張し、あまり上にも下にも動かないと予想すればそれを提示しているにすぎない。

あと、株価が大きく下がるというと「売り煽りしている」、大きく上がると主張すると「買い煽りだ」と非難する人もいるようだ。たしかに述べてきたような極論を目にすると、投資家を混乱させたり不安にさせたりしたいのではないか、と思う人はいるだろう。ただ、極端な論説は常に世間に表れるので、それに惑わされても仕方がないだろう。あるいは、ある説で慌てて買いに行ったり売りに行ったりするようであれば、それは投資家の姿勢にも問題があると感じる。加えて、強気見通しをそれだけで買い煽り、弱気な予想を単にそれをもって売り煽りと非難すれば、それは第１章で批判した、「投資における自粛警察」であって、投資界全体にとって害悪だ。

筆者の場合は、筆者の見通しを多くある情報の単なる１つとして参考にしていただき、筆者の予想を批判的に咀嚼していただいて、他の情報やデータなどとあわせて、投資家自身の投資戦略を立案していただければ、と考えている。

# 3 単一ファクター論は危険

## 経済も市場も単一ファクターで説明できるほど単純ではない

「これさえやっていれば投資で儲かる」といった類いの、「万能ツール」はない、という点は、第１章で述べた。それと同根の部分があるが、１つだけの要因で、経済動向や市場の先行きを判断する、という、「単一ファクター論」も危うい。

たとえば、セミナー後の質問で、「米国経済の動向を考えるうえで、この１つのデータさえみていればわかる、というものは何ですか」というものも多い。経済も市場も、ただ１つのデータがすべてを決めている、ということはありえない。それぞれに動きが異なり、意味合いが異なる、複数のデータや材料を眺めて、それらを総合的に判断するしかない。

第２章で、コロナ禍前後の市場や経済のことを多く語った。話は経済そのものや、株式、債券、外国為替、国際商品市場などにわたり、多くのデータをグラフなどで提示したが、そのように多くのものを俯瞰する必要があると考えている。

また、すべてを政府や中央銀行の政策が決定しており、政策動向という単一のものを把握していればよい、と信じ込んでいる人も多い。第１章の、経済においては実験はできない、というところで触れたが、日銀が株式ETFを買うかどうかで株価動向がすべて決まっているかのような言い方をする人もいる。また、米国の「隠れQE 4」については前述したが、その誤解の背景にあるのは、中央銀行が資金さえまけば景気がよくなって株価が上がる、という錯覚にあると考える。景気も株価も、きわめて多くの要因で動いており、政府や中央銀行といった、単一の主体の行動がすべてを決定しているわけではない[11]。

## MMT理論は有効か

そうした単一ファクター論の危うさとの関係で、最近MMT（Modern Monetary Theory）が話題となっている。MMT自体は、さまざまな議論を含んでいるが、多くのMMT論者が、政府債務が自国通貨建てであれば、いくら国債を発行しても財政は破綻しない、という主張をしている。そうした資金の調達側（国債を発行して資金を調達すると何が起こるか）という点については、本著では議論しない。

資金の運用側（財政が、調達した資金を使って何をするか）については、MMTでは、貨幣をまけば需要が創出できる[12]としている。本当だろうか。もしそれが本当であれば、大幅な財政

---

11 「トランプ政権が株価を上げたい政権だ」という誤解も、この章で前述したが、政権が株価を上げたければ上げられる、政権の意図だけをみていればよい、という誤った考え方が背景にあるといえる。

12 ただし、供給力を需要が安定的に上回ることができない（もし上回るとインフレになる）ため、需要を拡大できるのは供給力の限界まで、とされている。

赤字を抱える日本の経済が、なぜ大好況になっていないのだろうか。

具体的に考えてみよう。たとえば、政府が国債を発行して、公共事業を増やしたとする。現在のような、日本経済が高成長するとは見込みにくい状況では、公共事業で売上げを得た企業は、「どうせこの先、日本経済は大したことがないのだから、今回棚ぼたの公共事業で得た売上げの分は、先行きのために溜め込んでおこう」となりかねない。すると、公共事業が呼び水となって、経済全体を持ち上げる効果（乗数効果）が抑制されてしまう。これは、国債を発行して減税しても、減税分を受け取った家計や企業が同様に資金を溜め込みかねないので、やはり効果は薄いだろう。

すると、どうしたらよいのだろうか。企業や家計が「どうせ先行きの経済は暗い」と考えているため資金を使わないのであれば、景気がよくなれば家計や企業の考えが変わって、資金を使うだろう。つまり、景気をよくするためには、景気をよくすればよいことになる。かなり皮肉めいた言い方になったが、要は景気が不振で、家計や企業がずっと不振だろう、と考えている状況では、財政が景気を刺激できる役割は小さい、ということになる。

もちろん、増税や支出カットを推し進めれば、悪い景気がさらに悪くなる。したがって、景気が不振の時に財政均衡を優先すべきではないが、だからといって、逆に財政政策ができることも、マクロ的な面では、限られていると考える。

ここで、「マクロ的な面では」と書いたのは、国民にとって必要な財政支出はあるからだ。たとえば天災から人命や財産を守るための防災対策や、教育・科学技術開発、第4章で述べるようなIT化の推進、などだろう。個々の分野の是非は本著では議論しないが、景気全般をよくする目的ではなく、個別分野で国民の生活を向上させるためであれば、財政支出を使うべきだ。

ところが、MMTの信奉者に限らず、財政政策こそが景気を決める、と考える向きは、いままで財政支出を増やしても日本経済がはかばかしくなかった理由は、金額が足りなかったからだ、と主張する。もっともっと財政をばらまけば効く、と信じているようだ。筆者は、財政支出で景気を浮揚させられる、という考えの方向性が誤っているのだから、金額を増やしてもさらに誤った方向に進むだけだ、と考えている。景気浮揚は、財政支出拡大という単一ファクターで達成できるようなものではないだろう。

## 量的緩和は？

財政政策ではなく、金融政策に目を転じると、日銀がずっとゼロ金利政策や量的緩和策を続けているにもかかわらず、日本経済が大きく浮揚していない。これも、たとえば量的緩和策については、日銀が民間銀行から国債を買い取って、その買入代金を銀行に渡すが、景気が悪く資金需要が乏しいため、銀行から貸出しというかたちで経済全般に資金が出回りにくい。したがって、景気も悪いし、金余りにもならない。

では、どうすれば景気がよくなるかといえば、これも景気がよくなると企業や家計が資金を借り入れて使おうとするため、銀行から融資をおおいに受けて、経済全般に資金が出回り、景気も改善する。やはりこれも、金融政策で景気をよくするには、景気がよくなればよいことになる。

その点では、中央銀行が景気や株価を決める、という単一ファクター論も、きわめて危ういといえる。

## では、どうなれば政策は効くのか

以上、しつこいほど、財政政策や金融政策が効く環境にはなく、景気がよくなれば景気がよくなる、という言い方をした。別の言い方をすると、財政支出を増やしても減税をしても金融緩和をしても、それが永続性がなく、一時的なものであって、先行きまた景気が悪化するかもしれない、と企業や家計が思うと、お金を使わず本格的な景気回復にならない、とも表現できる。

永続性のある景気回復に向かっている、と、家計や企業が信じるには、どうしたらよいのだろうか。それは、たとえば企業が、「自社で画期的な製品やサービスを開発することができて、このところずっと売上げが伸びている、この調子なら、うちの会社は利益が増え続けるだろう」という自信を得れば、その企業は資金を設備投資などに使うだろうし、そうした企業で働いている人は、自身の先行きの所得に明るい展望をもって、お金を使うだろう。

必要なのは、たまたま一時的に降ってきた財政支出による仕事や、一時的な減税による手取り増ではなく、自助努力により勝ち取った永続的な所得の増加だ。もし日本の企業が、そうした自助努力で市場を切り開く創意工夫も前向きな意思もなく、経営者から攻めの姿勢が失われ、従業員は遅れず休まず働かずで、そこそこの給与をもらえばよい、ということに堕してしまうなら、財政政策をうっても金融政策をうっても無駄だ。日本経済の政策による復活は、あきらめたほうがよい。

# 4 横行する「陰謀論」

## ヘッジファンドの売り仕掛け？

何か1つの要因がすべてを決めている、という考え方の「一派」が、陰謀論だ。だれか（組織、団体など）が陰謀をたくらんでおり、その陰謀をたくらんだ集団が、経済や市場を左右している、といったようなものだ。

よく聞くのは、日本株が大きく崩れた時に、「ヘッジファンド（あるいは海外投機筋）の売り仕掛けだ」といった言説だ。ヘッジファンドについては、かつて英国がERM（European Exchange Rate Mechanism、欧州為替相場メカニズム）[13]に参加していたが、ジョージ・ソロスが率いるヘッジファンドであるクォンタムファンドなどが、英ポンドを売り浴びせたことにより、1992年にERMからの離脱を余儀なくされた、という出来事があった。これがヘッジファンドに対する注目を集めるとともに、ヘッジファンドというのは政府をも動かす力がある、というイメージや、何かのたくらみをもって買い煽り、売り煽りをするような主体だ、という印象が広くもたれるようになった。

---

13　欧州で単一通貨ユーロを創設する前に、欧州各国の為替相場をある変動幅のなかに限って動くようにした制度。

そうしたイメージがいまだに続いており、ヘッジファンドは集団で陰謀をたくらみ、日本株を売り浴びせて儲けようとしている、と思い込む人が多いのだろう。あたかも、ヘッジファンドの親玉たちが、ニューヨークの地下クラブにでもひそかに集まって、共謀しているかのようなイメージだ。そのため、どかんと日本株が下落すると、ヘッジファンドの売り浴びせだ、といった具合に、ヘッジファンドの売買という単一要因に市場の動きの理由を求める心理になるのだろう。

ちなみに、ヘッジファンドとは、通常とは異なるような、さまざまで自由な運用手法を行う、少人数から募集した資金で運用されているファンドを指す。そうしたファンドは考え方も運用のやり方も多様で、決して皆で共謀して売り仕掛けをするようなものではない。

筆者が、冗談半分で、米国のヘッジファンドの友人に、「日本では今日の株価下落は、ヘッジファンドの共謀による売り仕掛けだ、といわれているが」と話したら、「われわれはそんなに暇ではない」という答えが返ってきた。それが実情だろう。

## 日本の財務省は陰謀をたくらんでいるのか

日本で消費増税が話題にのぼるなどすると、しばしば「財務省が陰謀を働いていて、財政均衡のため、首相をも操って消費増税を実現しようとしている」といわれる。まあ、財務省の人間で、放漫財政でどんどん財政赤字がふくらんでも構わない、などと考えている人はおそらくいないだろう。だからといって、財務省のだれもが経済成長より財政均衡を優先しなければいけない、などと考えているわけではない。筆者の友人の財務官僚は、「国民のために必要な財政支出は前向きに行うべきだ」と、よく語っている。

それに、前述したとおり、財務省が財政均衡最優先主義で、さまざまな省庁やましてや首相までを動かすほどの、多大な影響力をもっているなら、日本の財政赤字はとっくになくなっていると思う。

## 単一ファクター論や陰謀論が危ういわけ

単一のファクターで経済や市場の動きをすべて説明できると思い込んだり、その延長線上で、市場などを動かしているのがある集団の陰謀だ、と考えたりするのは、多くの要因を考えずに楽をして経済や市場の先行きを見通したい、という危うい考えに基づいていると考察している。

そうした考えにとらわれると、多くの本当に経済や市場を動かしている要因がみえなくなり、ますます景気や市場の将来が見通せなくなってしまう。

特に陰謀論は、話のネタとしてはおもしろいのかもしれないが、真実は結構当たり前でつまらないものだったりする。地道に先入観をもたずに、さまざまな要因をじっくりと分析していくという、長くて退屈な道のりが、真実にたどり着く方法ではないだろうか。

第4章

# 「アフターコロナ」の世界経済と世界市場

「変わる」と予想するのは、
楽観的過ぎる？

## 1 ITプラットフォームの一段の普及は、IT以外の部分の変化が必要

### ITプラットフォームは一段の普及へ

さて、この章では、コロナ禍と経済や市場との関係、といったテーマに戻ろう。ただ、第2章では新型コロナウイルスの流行拡大が始まった時期の前後に焦点を当てたが、ここでは今後長期的に経済や社会に生じうる変化を述べる。

とはいっても、本当に構造的な変化が起こるかどうかはわからないし、筆者の能力では、先行きを網羅的に正確に見通すことはむずかしい。この後、この章では、将来像を筆者が提示するというより、メモ書き的に書き散らしたような内容でしかない。それでも、読者の方がそれぞれで未来を展望するうえで、「そんな斜めの方向からの考え方もあるのか」というかたちで、他の数多い見識深い専門家の見解の末席にでも、位置づけていただければ、幸いだ。

さて、コロナ禍により、人と人の間の物理的な接触が規制ないし自粛されるなか、多くの分野で「リモート」に注目が集まった。勤務を自宅などで行うリモートワークや、自宅で楽しめる動画配信、スポーツイベントやコンサート、演劇などの無観客ライブなどだ。リモートといえるかどうか自信はないが、EC（Electric Commerce、電子商取引）やデリバリーも拡大した。

こうしたリモートの勤務や娯楽は、決してコロナ禍がなかったら普及しなかった、ということではない。ただ、これまでそうしたサービスに触れてこなかった家庭や企業が、コロナ禍をきっかけに初めて使い、その後も利用するようになった、という場合も多いだろう。

こうしたサービスを支えるITプラットフォーム[1]は、幅広い。動画配信を行う側と受ける側が、快適に使えるようなハードウエアとソフトウエア、支障なく配信がなされるような高速の通信技術（ソフト、ハードの両面）、特にサーバーの高速化と大容量化、データのやりとりが幅広い範囲となることに伴い必須となるセキュリティ上の安全を確保する技術、そうしたさまざまなハードを支える半導体・電子部品や部材など、といった産業にわたる。

## 企業のリモートワーク導入は、IT以外の部分がきわめて重要

ここから先は、しばらく企業のリモートワークに話を限定して進める。リモートワークの導入は、決してITシステムを導入しさえすればよい、というものではまったくない。もっと広範囲に、組織のあり方、業務フローのあり方、労務管理、人事評価など、多くの見直しが必要となる。

---

1　本著では「プラットフォーム」は、リモートのITサービスなどを支える基盤となる、ハードウエアとソフトウエア全体、という意味で使っている。

たとえば労務管理1つとっても、なんらかのシステム的なツールで勤務時間をしっかり見張るのか（たとえば、ログイン、ログアウトやその他のPCの操作状況を把握して、実際にどのくらいの時間労働しているのかをできるだけ管理しようとするのか）、それとも逆に、勤務時間はまったく管理せず、単に成果が出てくればよい、とするのか、その中間なのか、といった点も、検討する必要がある。これは企業側だけの問題ではなく、労働者側も、下手をするとずっと仕事をしているのにリモートワーク上していないことにされ、結果としてサービス残業のようなことになるおそれがあるため、労働組合などを通じて、経営側にしっかり申し入れる必要があるだろう。

実は、いまの日本の労働法制は、一部の職種には勤務時間より成果に基づいて報酬を支払うかたちが容認されているが、多くの職種では労働時間を基本として制度が組み立てられている[2]。本格的にリモートワークと成果主義労働を企業が導入するには、法律の改正も必要だ。

意思決定プロセスを、リモートワーク導入時に見直す、ということもありうるだろう。これまで単線の社員→中間管理職→管理職→経営陣、といったような業務報告のラインだったものを、ITのフラット性を活用して、チーム的に業務情報を共有するように変える、というやり方も考えられる。ただ、これま

2　2020年6月20日付日本経済新聞「「ジョブ型」に労働規制の壁、コロナ下での改革機運に水」などでも報じられている。https://www.nikkei.com/article/DGKKZO60599430Q0A620C2MM8000/

で多（部下）対1（上司）に近い業務フローだったものが、チーム的に多対多に変わった場合、だれが最終責任をとっているのかわからなくなる（実際にはだれも全体を統括していない）、あるいは逆にだれしもが指導的な口を出して「船頭多くして船山に上る」に陥ってしまう、などの弊害が生じないかどうか、役割分担をこれまで以上に明確化する必要がある。

リモートワークの導入に伴い、だれが何をするのか、何をすることでどのように報酬を得るのか、といった、業務分担やフローが明確化されることが必要だし、それでこれまでの「悪弊」が浮かび上がることが期待される。すると、無駄な業務（稟議書の作成など）が削られたり、無駄な会議[3]がなくなったりするかもしれないし、それが進むと「無駄な人」も明確になるかもしれない。

それで、「仕事とは、満員電車に揺られ、遅れず休まず出勤して、嫌いな上司の小言を聞き、嫌なお客に怒鳴られたうえ、参加したくもない夜の宴席に付き合わされて、その「我慢代」として給料をもらうもの」という意識が変わればよいと思う。それにより、業務が効率化され、生産性が上がれば好ましい。

3　日本企業の会議は、有益なアイデアを出し合い検討し合う、というより、「会議で報告することで、参加者はすべてその案件を承知した、という形式的同意を確保する」「決定は会議が行ったのであり、その決定内容が失敗したら会議が悪いのであって、参加者は悪くない、という逃げを用意する」という側面が、強過ぎるように感じる。

## 真の働き方改革へ？

とはいえ、リモートワークの導入により省くことができる最大の「無駄」は、通勤時間だ。もちろん、通勤時間に読書することで、多くのものを得ている、という方もたくさんおられるだろうが、それは別に通勤しなければできないことではない。

そうした通勤時間からの解放により、従前からの勤務者が、浮いた時間を業務にあるいはプライベートに充て、より充実した生活を送る、ということは考えられる。また、新規に労働市場に参加しよう、という人にとってもメリットがあるだろう。

たとえば、小さい子どもがいて、その子の両親とも勤労する意向であり、保育所などが利用できない、という場合に、親の片方が通常勤務して、もう片方が仕事に就けない、あるいは育児休暇を取得中である、という場合もあろう。そうした場合で、主に育児を担っている親が、何とか時間をやりくりして3時間は仕事に充てることができるとしても、片道1時間通勤となれば、残りの時間はほとんどなくなってしまう。しかしリモートワークであれば、3時間まるまる労働参加できる道が開ける。すると、仕事に就けなかった親が業務参加して所得を得ることができることがありうるだろうし（もちろん、どこかの企業で働くのではなく、フリーランスや自営業として所得を得てもよい）、正社員で育児休暇を望むのならそれもよいが、できるだけ働きたければそれは企業側にとってもメリットとなりうる[4]。

こうした労働参加のかたちは、労働者が家事や育児（場合によっては介護など）に使われる時間の「スキマ」に労働する、「スキマ労働」との位置づけもできるだろう。

また、障がい者の方で、通勤は可能だがどうしても時間がかかってしまう、という場合に、リモートワークでより多くの時間を勤務に充てられる、というケースもあるだろう。

こうしたかたちで、意欲があり能力があるがさまざまなハンディキャップにより十分に働けなかった人が、リモートワークでより積極的に労働市場に参加できれば、それは労働者側にも企業側にも[5]プラスになるだろう。そうなれば、広く経済全体にとっても好ましいことで、働き方改革の１つともいえる。

## 人事、報酬体系全般の見直しが必要

述べたような、さまざまな状況にある人たちの労働市場参加は好ましいと考えるが、その場合の企業の対応は容易ではない。たとえば、まったく職場に姿をみせず（テレビ会議などで顔はみられるだろうが）、リモートワークだけで素晴らしい成果を上げている人と、毎日通勤して長時間職場で勤務しているが成果がやや劣る人とで、前者により多くの報酬を与えることができるか、理屈ではわかっても感情的に許容できない社員も多

---

4　ただし、その企業に育児休暇の制度が整っており、労働者側がリモートワークではなく育児休暇を望んでいるにもかかわらず、企業側がリモートワークで働くことを有形無形に要求してくるようなこと（一種のパワハラ）は好ましくない。

5　繰り返しになるが、労働参加のかたちは、企業で働くことだけではなく、自身で個人自営業やベンチャー企業を営んでもよい。

いかもしれない。

あるいは、リモートワークで勤務している人は、直接の成果物だけで評価するが、出勤している人は、企画部門への意見具申や、正式の管理職ではないものの、先輩、リーダーとして後輩を教育指導している部分を、別途評価して報酬を積み増す、ということは可能だろう。ただしその場合は、皆に公平だと感じられるよう、いままでは「お前の後輩だから面倒をみてやれ、よろしく」でなんとなくすんでいた職務機能を明文化して、どの機能でどう評価しどう報酬に反映されるのかを、はっきりしないといけなくなるだろう。

そうした人事体系の見直しにより、皆に明確に求める職務とそれに対する報酬が提示され、それぞれが働きやすくなるのか、いちいち職務を明示しないと「気働き」で職務のスキマを埋める社員がおらず、企業組織が回らなくなるのか、落としどころはむずかしい。

## リモートワークで労働者に不利になる可能性も

リモートワークで、働く側が幸せになるばかり、というわけでもないだろう。前述のように、企業側がPCの起動時間や動作などをリモートで厳しく監視したり、メールなどによる報告を頻繁に要求する、ということになると、かえって息苦しく感じられたり、本当に必要なのかどうかわからない報告作業で時間をとられたりする可能性もある。

前に指摘したように、労働時間に制約を受ける子育て世代や、通勤に支障が少しでもあるような障がい者の方が、労働市場に参加する、ということは望ましいが、それが労働市場での競争の激化につながることはありうる。そうした競争は、決して日本国内にとどまるわけでもなく、たとえばリモートワークでプログラムを作成する日本国内の正社員と、同じプログラム作成を担う海外の企業とが、同じ仕事を争う、という状況も起こるだろう。つまり、さまざまな業務の外部委託が、一段と進み、リモートワークの社員はある種外部委託先と同列に扱われるおそれが広がる。

その結果として、能力が高い人がより多くの報酬を得る、という方向ではなく、競争に敗れていく人たちの給与水準が下がる方向でサヤ寄せされていく、といった、企業の交渉力（バーゲニングパワー）が高まるかたちで賃金の変化が進むと、個人所得全般が圧迫を受ける展開も否定できまい。

また、これまでの管理職で、「得意技」は同じ職場で部下の顔を幅広く眺めながら、非言語的な手段も含めて意思疎通を図り、円滑に職場を回していく、というタイプの人は、働く場所を失うかもしれない。よく笑い話で登場する、転職時の面接で「あなたはどういう仕事ができますか」と尋ねられて、「部長ならできます」と答えるようなタイプの人だろうが、職場に居場所がなくなっても大丈夫だろうか。

もちろん、現在の役員や管理職のポストが、そうした職務に適しているからその役割を務めている、というのではなく、これまでの功労のご褒美として与えられているといった「上がりポスト」の場合は、そうした人に去ってもらったほうが企業やその株主にとっては助かるのだろうが。

## リモートワークに対応できない体質の企業も

以上、リモートワークが導入されたらどうなるか、その課題は、というかたちで述べてきたが、そもそもリモートワークを導入すべき場合に、企業は導入できるのだろうか。

もちろん、これまでリモートワークを取り入れてこなかった企業にとっては、新しいシステムを導入するにせよ、既存のものを利用するにせよ、有形無形の追加コストがかかり、それにリモートワークのメリットが見合わない、ということはありうるだろう。そのコストとメリットを突き合わせて、導入しないという決断であれば、それもよいだろう。

しかし、どうも企業のなかには、リモートワークはコロナ禍だから緊急避難的に導入せざるをえない「必要悪」ないし社会の要請による公共福祉的な対応（もしくは社員の健康を守る策）の１つであり、コロナ禍が収まればリモートワークはすべて廃止して、元に戻すに決まっているだろう、と最初から決めつけている会社も多いように感じる。

元に戻す理由が、述べたようなメリットとコストなどデメリットの客観的な見合い、ならよいが、ネットでおもしろおかしく語られているエピソードをみると、それが真実かどうかわからないが、「管理職が、皆が職場にいなくて寂しいから」「皆が職場で働くかたちで、以前からそうやってきたから」といったような、最初から議論の対象にもならないようなケースもあるようだ。

横並びで、「ほかの日本企業もリモートワークをやっていないから、当社もやらなくていいだろう」となると、日本全体が沈没するだろう。

こうした観点からは、「コロナ禍がきっかけで、日本企業がリモートワークの導入などを行い、おおいに変化する」という見通しは、楽観的過ぎるのかもしれない。それが現実になってほしくはないが、「リモートワークの導入など、ITを活用したさまざまな変化が世界的に進むが、経営や組織が旧態依然とした多くの日本企業は、内輪の論理で変化できず、滅んでいく」という予想が的中してしまいそうな懸念が浮かんでしまう。

そうした日本企業の例を見聞きすると、情けないとは感じるが、多くの場合、リモートワークをやりたくない、リモートワークのメリットが理解できない、という人が、役員や管理職など権限をもっている職にある、ということがとても多いので、なかなか日本企業は変わらないのかもしれない。

ただ、そんなに経営陣は石頭なのか、と思うと、実際に経営者本人は柔軟な考えをもっているが、取巻きの「社長室」「経営企画」といったような部署が、経営者本人に尋ねもせず、勝手に忖度して社内に従来型のやり方を強要している、という例も多い。

これも半分笑い話で、真実かどうかわからないのだが、ある企業でどうしても役員が参加する会議をリモートにせざるをえなくなり、その企業が外注先のシステム会社に、「御社のテレビ会議のシステムだと、アクセス順に動画が表示されるが、そうではなく、最初が会長、次が社長、その後専務、常務、といった順番に表示され、カメラで写っている顔の動画も、会長から順番に大きくなる（会長がいちばん大きく表示されて、平社員がいちばん小さい）、というように、システムを修正してもらえないか」という要望があったと聞く。そんなことに頭を使い、時間を費やして費用を投じているような企業は、なくなったほうがよいと考える。ただこれも、会長や社長自身がそう望んでいるわけではなく、取巻きが忖度している可能性が高いのだろう。

## リモートワークができなければだめな企業だ、というわけでもない

これまでつらつら述べてきたことと逆のことをいうようだが、リモートワークを導入しない企業がだめな企業だ、とばかりに批判する人も多いが、それも誤っている。

リモートワークが適さない職種はいくらでもあるし、リモートワークに移行しても、それより職場に出勤したほうがよほど生産性が高い、という業務も多くあるだろう。たとえば顧客との対面のコンサルティングを必要とする職種では、リモートでも意思疎通ができないわけではないが、やはり非言語のコミュニケーションも重要だ、という場合があることは理解できる。正式の会議による意見交換ではなく、なんとなく集まったり、

ばらばらに雑談したりして、アイデアが浮かぶようなブレーンストーミング的な企画のやり方もあるだろう。

要は、企業がなんとなくリモートワークをやらないとか、他社がやっているからやるとか、ではなく、企業内のこの職能については積極的にリモートワーク化する、しかしこちらの職能については積極的にリモートワークにしない、その理由はこれこれだ、と、従業員や取引先、株主などのステークホルダーに、胸を張って明確に説明できるかどうかが、最も肝心だと考える。リモートワークの採否に、戦略上のはっきりとした理由があれば、別にどちらでもよいのだ。

## 政府は「リモートワークのインフラ環境」を担う

リモートワークが整うためには、さまざまな法規制や官公庁・地方自治体の慣行の変更が必要だ。特にいま話題になっているのは、書類に社印を押して提出する必要があるため、出勤せざるをえない、というエピソードだ。

筆者自身は、そうした手続に精通しているわけではないため、企業が通常の活動を行う際に、何に印鑑が必要かは詳細には知らないが、ハンコを押すことだけがリモートワークの障害になっているのであれば、特に本人（企業自身）の確認があまり必要でなく、形式的なものに近い場合は、印影を省略可能にする、もし提出書類の真偽確認がきわめて重要であれば、社印を捺印する以外のネット上の確認手段（電子署名や、他の確認方法など）を可能とする、など、リモートでの手続で完結できるような規制緩和が必要だろう。

筆者の経験としては、自分でセミナーを主催し会場も借りる場合、施設が確かなもので安価なことから、地方自治体やそれに準じる公的な組織が運営する会議室を、借りることが多い。すべてがネット上の手続で完結する自治体等も、東京都江戸川区や富山県高岡市など、たしかにある。しかし多くは「会議室利用の申請書に捺印し、ファックスしてください」「ファックスだけではなく、原本を郵送してください」「組織の長が捺印した利用許可証の原本を郵送するので、当日必ず持参してください」など、とてもIT化とは程遠いのが現状だ。

今回のコロナ禍でも、病院が新型コロナウイルス感染症の患者を診察すると、それを保健所にファックスで届け出ている、という実態が明らかになり、話題になった。

そうした旧時代的な手続を排し、IT化に移行することは、企業対政府の手続だけではなく、もちろん、個人対政府についても進めることが重要だ。マイナンバーカードの普及などにより、諸手続のIT化で利便性が高められようとはしているが、遅々としているように感じられる。

マイナポイント事業が立ち上がり、マイナンバーカードをつくってマイナポイントの申込みをしたうえ、キャッシュレス決済すると、マイナポイントが上限5,000円分までもらえる、ということになった。しかし、本来はそうして「お金で釣る」のではなく、マイナンバーカードをつくることによるIT化の利便性を個々人が強く感じれば、自然にマイナンバーカードがつくられるのではないだろうか。

また、今回のコロナ禍で、10万円の特別給付金が支給されるにあたって、ネットでの手続のほうが郵送で申し込むより早い、ということで、ネット手続を活用しようとした人たちが、それなりの数、いたようだ。ところが、申込み時に登録したマイナンバーのパスワードがわからなくなり、それを知ろうと役所に押しかけて「密」になったという、笑えない笑い話もあった。

マイナンバーカード立ち上げ時から、個人にとってメリットが大きい行政サービスが幅広く利用可能で、そうした利便性が誘因となって、これとこれを個人が用意する必要がある（パスワード類を記録することも含めて）ということを、各人が経験して習熟していれば、マイナポイントをつくるとか、パスワードがわからなくなった人が押し寄せる、などの事態にはならなかっただろう。

民間同士のITを活用した経済活動が進展しようとするうえで、政府はまずITを率先して利用し、ITインフラ環境の整備を支援する責務があると考える。

国連の経済社会局（UNDESA、United Nations Department of Economic and Social Affairs）では、電子政府ランキング[6]を発表している。これによれば、日本は前回2018年調査時の10位から、2020年は14位に後退している[7]。ちなみに、都市別のランキングもあり、日本では東京が最高位で24位だ[8]。

そうした日本に対し、台湾ではマスクの在庫を把握できるプログラムを開発するなどで、政府のデジタル担当政務委員（大臣級）である、唐鳳（オードリー・タン）氏が、一躍注目を集めた。同氏は、2016年に35歳で大臣となっている。日本も、IT担当大臣には、民間の若い才能のある人物を抜擢してもよいのではないだろうか。

## 政府だけが悪いのか

さて、本著では、第１章で、医療情報においても、投資情報においても、情報の発信側の問題はあるが、受け手側の問題も大きい、ということを指摘した。また、万能ツールがあると勝手に思い込んでそれを要求し、大騒ぎしたり混乱したりする向きや、「社会正義のため」との大義名分を掲げて、私利私欲のために暴れまわる、コロナ禍のなかであるいは投資の世界における「自粛警察」などについても、批判的に述べた。

政府のIT化についても、実は国民が足を引っ張っているところもおおいにあるのではないだろうか。マイナンバーやマイナンバーカードの導入については、「国が個人情報をつかんで悪用しようとしている」と抵抗する向きが、国民の間にいまだ

---

**6**　2020年のランキングは、2020年７月10日に発表された、“2020 United Nations E-Government Survey” に掲載されている。https://publicadministration.un.org/egovkb/Portals/egovkb/Documents/un/2020-Survey/2020%20UN%20E-Government%20Survey%20(Full%20Report).pdf（ランキング表は、上記レポートのTable 1.3）

**7**　１位はデンマーク、２位は韓国、３位はエストニア。

**8**　１位はマドリッド、２位はニューヨーク、３位はタリン（エストニアの首都）。

に多い。そのためマイナンバーの導入が遅れ、紐づけされた情報は少ない（たとえば医療情報や銀行口座との紐づけは、できていない）。すると、当然政府・地方自治体が、マイナンバーで個々人の銀行口座を把握して迅速に給付金を振り込む、などができないわけだが、今度は「マイナンバーがあるのにどうしてすぐにできないのだ」と批判する。

厚生労働省も、今回のコロナ禍で、新型コロナウイルスの陽性反応が出た人が近くにいたことを知らせるといった、新しいスマホ用のアプリ[9]を作成し、インストールするよう、呼びかけている。しかし、プライバシーが守られるか心配だとして、インストールを躊躇する人が多いと報じられている[10]。インストールするかどうかは、最終的に自己責任で判断すればよいので、そこを批判する気はまったくないが、さまざまなアプリの不具合に対して、最終責任者の厚生労働省ではなく、個々の開発者を非難する人も多いようだ。コロナ禍そのものでも、まったく新しい病気でだれも初期に精緻な判断ができないのに、「結果的にいわれていたほどの感染者数や死亡者数にならなかった」と、後づけで専門家会議を非難する人も多く見かける。

「あれもやるな、これもだめ」と、「あれもやれ、これもできないのはおかしい」との、逆の方向の非難を後づけでぶつけて

---

9　COCOA（COVID-19 Contact Confirming Application）という名称だ。

10　厚生労働省によると、2020年10月26日時点でのダウンロード数は約1,890万件。このアプリが効果を発揮するためには、全人口の８割の利用が必要だとされているが、この時点で15％程度に過ぎない。

ばかりの国民が、政府のIT化推進の足を引っ張っている面も大きいのではないか。もちろん、政府として専門家などを活用し、知恵をつけて、進めるべきところと慎重に運用すべきところを、できるだけ切り分けようとすることは必要だが、政府も万能ではない。そこに万能さを求め、悪いのはすべて自分たちではなく政府だとする姿勢は、「自己責任」をとる「自律した生き方」とは程遠く、「他己責任」とでも呼ぶべき態度に感じられる。

## スキマ消費の拡大

リモートワークからリモートの消費に話題を移そう。リモート消費、つまりゲーム（特にオンラインゲーム）、動画配信、音楽や演劇のライブ配信、スポーツイベントの配信などは、コロナ禍で利用者が増えたことと思う（特に初めてそうしたものを活用する利用者）。また、厳密な意味ではリモートではないが、電子商取引一般や、食品のデリバリーなども、モノ自体は物理的に運ばれてくるが、注文はリモートだといえる（将来は、ドローンで無人で配送されてくるかもしれない）。こうしたリモート消費も、コロナ禍以前から普及はしていたものの、コロナ禍による「巣ごもり消費」の一環として、普及を後押ししたと推察される。

こうした消費の変化は、仮に新型コロナウイルスの流行が終息したとしても、完全に元には戻りにくいだろう。それは対面型の娯楽や外食、小売などには収益圧迫要因かもしれないが、コロナ禍のあるなしにかかわらずいずれ取り組まなければならない、構造的な変化だともいえる。

こうした消費は、リモート、という位置づけもできるが、リモートワークが通勤時間を解消し、そのため短時間だけ働く人に労働市場参加のチャンスを与えるのと同様に、短時間だけ消費を「つまみ食い」したい家計の、スキマ消費を促すという効果があろう。いまの時代は、楽しみたい娯楽は多く、それでいて消費者は移り気だ。テレビの視聴も、ザッピング（チャンネルを頻繁に切り替える行為）をする人が増えている。しかも、本当に忙しいかどうかは別として、気ぜわしい（忙しがっているだけかもしれないが）。読みたい本があれば、本屋に行くために時間を使うことなく、ダウンロードしてざっと眺め、次にスマホで短時間で楽しめるゲームをして、映画館にも出向かずネット配信の映画を途中まで観て、残りは別のことに使う時間にする、というやり方も可能だ。すると、いろいろなものにちょこちょことお金が使われ、使われる合計額は、スキマ消費ではない従来型の消費の場合より、多いかもしれない。

またスキマ消費とリモート消費とをあわせ考えると、リモートでほかの人と接触しないかたちで一人で娯楽を楽しむ、というのは、実はコロナ禍とは関係なく、従前からの、一人で気楽に好きな時に好きなものを楽しむ、という志向だったのかもしれない。

## 新興国のBOPにおけるスキマ消費

実は、日本の場合ではなく、新興国においては、こうしたスキマ消費的な形態が、BOP（Bottom of Pyramid）ビジネス（低所得者層を対象としたビジネス）で収益をあげるモデルとして考えられる。こうしたBOP層は、まとまった資金がないが、少額なら消費に向けることができる。

アフリカやインドなどで、太陽光パネルとバッテリーを自身で買って設置し、電気料金は携帯電話を使って事前に支払い、その分だけ電気が使える、というサービスがあるとのことだ[11]。これにより、支払える分だけ電気をつど利用することが可能だ[12]。ダイキンは、やはりアフリカで、使うつど使用料を支払うかたちの空調システムの普及に努めていると報じられている[13]。

この辺りは新興国の例だが、日本を含めた先進国でも、スキマ消費は消費者の志向に沿って、一段と広がりをみせる可能性がある。こうした消費の動きは、モノを買ってそれを利用する

---

11　2020年７月28日付WirelessWire News「モバイルペイメントで太陽光発電を利用　モバイル化するアフリカのインフラ」https://wirelesswire.jp/2017/03/59227/

12　アフリカなどにおける太陽光発電と携帯決済の組合せは、日本の商社も手掛けている。2020年７月14日付SankeiBiz「アフリカに太陽光パネルを　商社各社が分散電源事業を強化」https://www.sankeibiz.jp/business/news/200714/bsd2007140500001-n1.htm

13　2020年６月５日付日本経済新聞「ダイキン、アフリカで空調代「日払い」 130円で利用可」https://www.nikkei.com/article/DGXMZO59983640U0A600C2TJ2000/

という考え方より、一種の効用（あるいはサービス）こそが消費者が得たいものであって、それを得るのにモノは所有しないでよい、という変化ともとらえられる。

消費者は永続的に電力を供給し続けてくれるシステム（電源供給設備）がほしいわけではなく、真にほしいものは、必要な時だけ電気を使って得られる効用（空調であったり、照明であったり）というわけだ。同様に、別に車がほしいわけではなく、高速で好きな時に好きなところに移動する、という効用がほしいともいえる。それがカーシェアであったり、自動車のネット配車サービスであったり、最終的には自動運転（別に自分の車でなくてもよい）だったりするわけだ。

そこで企業の側で、この機に、本当に求められているのはモノなのか効用なのかを、あらためて問うことで、新しいビジネス展開にたどり着く可能性が開けるかもしれない。

# 2 反グローバル化か、真のグローバル化か

## 焦点が当たったカントリーリスク

「カントリーリスク」とは、古くから使われている言葉だ。その定義はさまざまだが、経済活動において、当該国の政治、天災、戦乱など、国家レベルのリスクを指す。

今回のコロナ禍は、主に2つの意味で、カントリーリスクを想起させたと考える。まず1つは、中国から新型コロナウイルスの流行が始まったと考えられ、当初は中国に限定された厄災だろうとの見解があったことだ（あるいは中国と人的交流が深い東アジア諸国だけの疫病にとどまるとの観測もあっただろう）。最終的にはそうした見込みは外れ、全世界的な流行となったが、今後、ある特定国に集中した疫病などがありうるかもしれない。すると、特定の国にビジネス活動が集中している場合（たとえば生産拠点が、ある1つの国ばかりになっている、など）のリスクに関心が高まっている。

もう1つは、今回のコロナ禍により、この新型コロナウイルスだけではなく、将来において別途の疫病が蔓延した局面で、ある特定の国だけで有効な治療薬やワクチンが開発された際に、その国が他国にそうした医薬品を渡さない、もしくは渡すことでなんらかの外交的な譲歩を要求する、というリスクが想

起されたことだろう。

あるいは、コロナ禍や同様の疫病の蔓延で、生産や物流に著しい支障が生じた場合、たとえばある特定の農作物や鉱物を大量に生産する国において、疫病により十分な生産と輸出ができなくなったとして、その時に同種の産物を輸出している別の国が、他国への輸出を打ち切る、もしくはやはり外交的に他国に圧力をかける手段として用いる、というおそれも想定した向きも多いことと思う。

後者のリスクは、コロナ禍で初めて意識されたわけではなく、エネルギーでは過去に第一次・第二次のオイルショックがあったし、レアアースやレアメタルをめぐってのさや当ても以前からあった。

## 反グローバル化の流れ？

とすると、企業がまったくグローバル化に逆行する行動を進める、また各国政府がそれを後押しする展開はありうる。たとえば工業製品の生産を自国に回帰させる、農作物や鉱物の生産をできる限り自国で行う、医薬品の開発と生産も自国中心とする、などだ。それにより、海外の生産物（自国企業が海外で生産するものを含む）への依存度を下げることを図るわけだ。

その場合、純粋に採算だけでいえば引き合わないケースも出てくるであろうから、そこは政策的に政府が補助金や減税などで支援する（飴）、あるいは極端な場合、法律で海外での企業活動に制約をかける（鞭）、などの政府の動きがありえよう。

農作物や鉱物の生産を自国に切り替える、といっても、エネルギーも含め、天然資源が自国内に乏しい（農作物の場合は、天候や土壌が特定の農産品の生育に適さない、など）ことは想定される。そうした場合は、代替品の開発に力を入れることになろう。たとえば食肉の十分な量の生産が自国内でむずかしければ、大豆などを使った代替肉を開発する、石油や天然ガスがとれなければ太陽光や風力発電、電気自動車の普及などに力を入れる、レアアース・レアメタルが採掘できなければ、そうした資源を使わなくてもよい製品をつくりだす、などだ[14]。

こうした動きの場合、世界的に貿易量が減り、輸出に依存してきた国々は経済的に打撃を受けるかもしれない。また、こうした反グローバル化は、採算よりカントリーリスクの回避を目的としたものなので、企業が提供する製品やサービスが高価格化し、それがインフレや購買力の減退を招き、経済成長を抑制するおそれが生じる。

こうした「ほかの国に頼らず、内需を主軸として成長する」という考え方自体は、日本ではカントリーリスクとは関係なく、かなり以前から唱えられてきたものだ[15]。ただ、近年はインバウンド消費の振興など、海外からの需要に依存する方向に

---

14　近年、高性能磁石や電子部品に使われるレアアース・レアメタルを、他の資源に切り替える製品が実際に開発されている。

15　たとえば、1986年４月に、中曽根康弘首相の私的諮問機関である、経済構造調整研究会が取りまとめた、「国際協調のための経済構造調整研究会報告書」、いわゆる「前川レポート」など。ただし、ここでの主軸は国際貢献であり、カントリーリスクではない。

向かっていたといえる。

## もしくは逆に、「真のグローバル化」？

とはいっても、これまでのグローバル化は本当のグローバル化ではなく、「中国化」という側面が強かった。中国が「世界の工場」になるべく、低賃金労働者を供給するかたちでの生産拡大を目指し、海外資本の参加を求めた。また諸国の企業は、中国市場自体が巨大で成長余力があるとして、中国への進出を加速した。加えて中国の所得水準が上昇し、海外からの輸入や諸外国でのビジネス展開、個人の海外旅行といったかたちで、諸国に需要をもたらし、諸国の中国依存度をも高めた。

こうした中国１カ国への依存度の高まりが、カントリーリスクのなかでもさまざまな「中国リスク」を強めた。そうした中国リスクは、一帯一路への誘いでも高まったし、中国が新興諸国に対して融資を行い、その資金によるインフラ投資や鉱山開発などのプロジェクトに、中国企業が深くかかわる、というかたちでも大きくなった。こうした中国とのずぶずぶの関係深化は、たとえばアフリカ諸国での対中警戒感というかたちでも表れ始めている。

このため、中国だけに頼るリスクを、真のグローバル化、すなわち中国以外の国へのビジネス展開を広げることにより、広く分散しよう、という動きが出てきてもおかしくない。実際、製造業の生産拠点については、中国からインドネシア、ベトナム、バングラデシュなど他のアジア諸国に移転する企業も増えてきている。

## 反グローバル化？　真のグローバル化？

筆者は、かなり長期的にみると、真のグローバル化もありうるのではないか、と考えている。これから先、アフリカ諸国も含めて、工業技術の拡散やITを中心とした先端技術の広がり、多くの諸国での社会インフラや教育水準の底上げなどが進み、企業活動が幅広い諸国で行いやすくなってくると考えているからだ。ただ、時間はかかるだろう。

一方で、逆に足元では、疫病などのカントリーリスクのみならず、特に中国の覇権主義に対する反発や警戒感が多くの国に広がり始め、米国が対中強硬姿勢を強めつつある。こうしたさまざまな動きが、当面（数年単位）では、反グローバル化的な色彩を優勢にするものと予想される。

# 3　適切な企業の財務戦略は？

## 日本の資本政策に、短期的に注目が集まっているのか

第２章で、米国企業が株主資本主義をひた走り、ROEを高めるため、社債発行などによって借入れを増やし、その資金で自社株買戻しを進めて、E（株主資本）を削ってきたことを述べた。それが今回のコロナ禍において、米国企業の資金繰り不安を高めたことも指摘した。

一方で日本企業は、米国企業のように積極的な資本政策をとらず、手元に現金を抱えたまま何もしない、との批判を、海外投資家から受けてきた。現金をビジネス拡大のための設備投資や企業買収に使うことをせず、配当増や自社株買いにもそれほどは積極的ではなく、日本企業の経営陣はただ現金を抱えたまま昼寝でもしているのか、との非難だ。

ところがコロナ禍で米国企業の借入過多に逆風が吹くと同時に、日本の手元現金の厚さが、コロナ禍による経済の混乱を乗り切るのに役立っていると、いきなり手のひらを返して褒めたたえている向きもあるようだ。

実際に、日本の日経平均株価と米国のニューヨークダウ工業株指数の動きを比べてみよう（図表４－１）。ここでは、円建て

図表４－１　日経平均÷ニューヨークダウ工業株指数比率

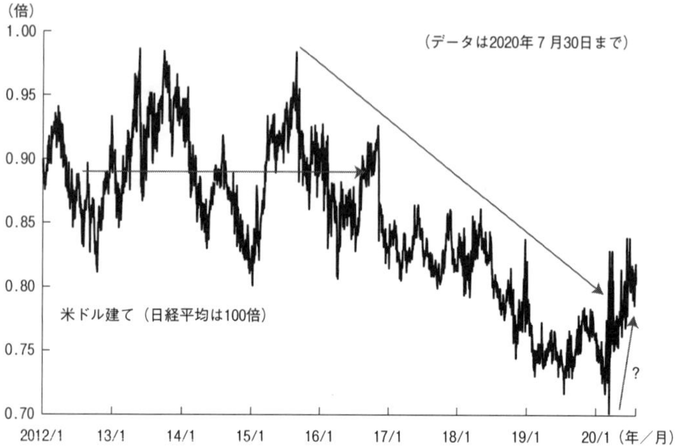


（出典）　FactSetよりBdフルーレット作成

となっている日経平均株価を米ドルに換算してから、ニューヨークダウ工業株指数で割り算している（ただし、日経平均を100倍し、数値をみやすいよう調整している）。

この比率は、2016年辺りまでは、上下動があっても長期傾向としては横ばいだった。つまり、日米の株価は、傾向的にはほぼ同率の（並行的な）変動を続けてきた、といえる。ところがそれ以降、2020年３月半ばまでは、比率が低下し、日本株が米国株に割り負けてきたことが示されている。

この割り負けについては、日本経済が特に2019年から製造業中心に不振となり、日本株は米国株につり上げられるかたちで何とか値を保っていたにすぎなかった、という見立てが可能だ。つまり、米国株価の上昇が「主」で、それに持ち上げられた日本株は「従」なのだから、割り負けて当然、という考え方だ。

それに加えて、前述のように、米国企業が借入れを増やしてそれを積極的に使っている姿勢が称えられ、日本企業の現金の厚さが批判されていた、という点が、日米の株価動向の差にも表れていたと解釈できる。

ところが2020年３月半ばからは、日本株優位に転じているように見受けられる。その要因としては、コロナ禍について、日本での新型コロナウイルス感染症による死亡者の増加が抑えられている一方、米国内での死者数が大きく増えてきた、という点が指摘できるだろう。また、前述のように、市場の手のひら返し、つまり米国の積極的な借入れによる企業経営はやり過ぎであり、日本の安全志向が功を奏した、という見解が広がったのかもしれない。

## 「日本モデル」は常に優位なのか

だからといって、日本の企業経営の安全運転が、常に有効とは限らない。筆者は、たしかに米国の株主資本主義は行き過ぎであり、同時に日本の経営の、株主以外のステークホルダー（特に従業員や取引先、顧客など）を重視する伝統的な姿勢には、優れた点があると考える。その一方で、「日本モデル」が積極性を欠くと解釈されても仕方がない面も、残念ながらあるだろう。資本政策、たとえば株主資本と負債の比率はどの程度が妥当なのかについては、おそらくは「正解」は日本企業と米国企業の間のどこかにあるのだろう。

さらには、適切な資本政策は、企業や当該産業の置かれた状況（現在の状況のみならず将来の展望も含めて）によるもので、全産業、全企業にわたって、一律に正解があるわけではないだろう。また、静的にたとえば○○％の負債比率が妥当だ、と固定されたものでもないのだろう。攻める時は攻める、守る時は守る、というかたちで、動的に変化するというのも１つのやり方ではないだろうか。とはいうものの、筆者は正解がわかっているわけではない。

以上、この第４章では、筆者が優れた見識を披露できたわけでもなく、ただ思い浮かぶさまざまな論点を、収拾もせず書き散らすだけとなった。ただ、コロナ後、あるいはコロナと共生する未来がありうるなかで、少ない論点だが、読者の方々が自身でさまざまに将来を展望するうえで、少しでも踏み台として参考になるのであれば、幸いだ。

# おわりに
## ――特殊性と普遍性の間を行き来して

長々と、筆者の頭のなかにあるさまざまなことを、書きつけてきた。

この書籍の中心軸は、2020年に世界に影響を与えた、新型コロナウイルス（COVID-19）の流行と、それがさまざまな国の経済や金融・証券市場に与えた影響だ。論点は社会的な現象にも広げ、そこからコロナをめぐる医療情報と投資情報の類似点も述べた。

ただ、そうしたコロナ流行期前後（まだ「後」と明確にいえる情勢ではないが）の時期に限っての、両情報の類似点や経済・市場の動きを述べつつも、そこから普遍的に意味があると考える諸点をも指摘し、後に新型コロナウイルスの流行が終息する、あるいはすでに季節的に流行する他の感染症と同様に社会が共存する、という状況になった後も、本著が有用な示唆となるよう、執筆したつもりだ。

なお、本著で繰り広げた論旨は、あくまでも筆者自身が立脚しているデータなどの論拠と、自身の立論によったものだ。読者の方は、本著の主張がたとえば株式市場などにおける主流だと考えないでいただきたい。幅広い異なる論説に触れ、比較検討なさることをお勧めする。

また、何度か本著内で述べたように、筆者は医者でも疫学者でもない。そのため、新型コロナウイルスとその流行の疫学的な考察については、突っ込んだ解説をすることを避けてきたし、それでも経済や市場を語るうえでどうしても触れざるをえなかった部分について、医学的厳密さが欠けている点は、ご容赦賜れば幸いだ。ただ、医学的な結論はともかく、経済や市場が受けている影響への論考については、大きく踏み外してはいないと考えている。

最後の章の新型コロナウイルスの流行で、経済行動などが大きく構造的に変化しているかもしれない、という議論については、過去のペスト（特に14世紀の欧州）やスペイン風邪（1918～1920年頃）をふまえ、当時の経済面・社会面における影響を詳細に分析した論考が多いが、本著では触れていない。そうした歴史的考察に関心がある方は、当該の書籍等を参照されたい。

本著の企画は、もともと展開したような諸論点に関心を抱き考察を始めていた筆者のところに、株式会社きんざい出版部の堀内駿氏から、同様の関心事で書籍を執筆できないか、とのズバリのご相談があり、渡りに船と書かせていただくこととなった。堀内氏は、筆者の草稿段階でもご意見を賜ったが、この絶好のタイミングでのお声がけがなければ、本著は世に出ることはなかっただろう。この場を借りて、御礼申し上げたい。

人は、自分だけで何でも思い付いたように錯覚しがちであるが、本著も、実は筆者が創り出した発想ではなく、いつかどこかでほかの方からご示唆いただいた論点が、多々含まれていると思う。日頃より筆者との情報交換に応じてくださる貴重な友人・知人の方々にも、感謝したい。

個人的には、新型コロナウイルス流行の終息を心待ちにしている一人であるが、危機は好機でもあり、この疫病が多くの人に気づかせてくれたことが多々あると考える。人類は１つの危機に出くわすと一段とステップアップする、と信じている。この危機を乗り越えて、よりよい未来が待っているとの希望をもちたい。読者の皆様も、ご健勝で。

2020年、いまだに関東甲信地方の梅雨が明けないなかで

■ 著者略歴 ■

**馬渕　治好**（まぶち　はるよし）

ブーケ・ド・フルーレット代表

1981年東京大学理学部数学科卒業、1988年米国マサチューセッツ工科大学経営科学大学院（MIT Sloan School of Management）修士課程修了。
1981～2008年に（旧）日興証券グループ各社に勤務し、主に調査部門に所属。2009年からは、経験を活かし、大手金融機関等に所属せず独立した形で、広く世界主要国の経済および市場（株式、債券、為替、商品市況等）動向の分析業務を行っている。米国情報機関の外部アドバイザーも務めている。CFA協会認定証券アナリスト（Chartered Financial Analyst）。
講演は精力的に取り組んでおり、諸金融機関主催あるいは自らの自主開催セミナー、公共性の高い団体主催の講演会などで、講師を務める。マスコミ出演も数多く、テレビ・ラジオへの出演、日本経済新聞夕刊のコラム「十字路」や東洋経済オンライン等への寄稿、通信社等のインタビュー記事掲載など、幅広く活躍している。

著書は、『ゼロからわかる時事問題とマーケットの深い関係』（2015年、金融財政事情研究会）、『勝率９割の投資セオリーは存在するか』（2016年、東洋経済新報社）、『投資の鉄人』（2017年、日本経済新聞出版、共著）、『投資のプロはこうして先を読む』（2018年、日本経済新聞出版）など。

KINZAIバリュー叢書
コロナ後を生き抜く　通説に惑わされない投資と思考法

2020年12月7日　第1刷発行

著　者　馬　渕　治　好
発行者　加　藤　一　浩

〒160-8520　東京都新宿区南元町19
発　行　所　一般社団法人 金融財政事情研究会
企画・制作・販売　株式会社 き ん ざ い
出 版 部　TEL 03(3355)2251　FAX 03(3357)7416
販売受付　TEL 03(3358)2891　FAX 03(3358)0037
URL https://www.kinzai.jp/

校正：株式会社友人社／印刷：三松堂株式会社



ISBN978-4-322-13596-1